Friedrich Halm

Dramatische Werke von Friedrich Halm

Vierter Band: Sampiero, eine Königin

Friedrich Halm

Dramatische Werke von Friedrich Halm
Vierter Band: Sampiero, eine Königin

ISBN/EAN: 9783743402768

Hergestellt in Europa, USA, Kanada, Australien, Japan

Cover: Foto ©ninafisch / pixelio.de

Manufactured and distributed by brebook publishing software (www.brebook.com)

Friedrich Halm

Dramatische Werke von Friedrich Halm

Dramatische Werke

von

Friedrich Halm
(Eligius Freiherrn von Münch-Bellinghausen).

Vierter Band.

Sampiero.

Eine Königin.

Wien.

Druck und Verlag von Carl Gerold's Sohn.

1856.

Sampiero.

Trauerspiel in fünf Akten.

Sampiero navigando alla volta di Marsilia seppe per viaggio la fuga della moglie — la medesima sera cavalcó alla volta di Zaisi, dove si trovava la moglie. — Volendo seco menarla a Marsilia, fu dalla giustizia impedito; ed essendo finalmente in lei rimessa la causa, disse voler andar con suo marito, ovunque a lui piacesse. Andarono dunque a Marsilia, dove arrivati Sampiero fra pochi giorni di sua propria mano la fece morire.

Filippini, Ist. di Corsica, libr. X.

Magni affectus jura non exspectant.

Quintilian.

Dem

k. k. Hofschauspieler und Regisseur

Herrn

Ludwig Löwe

in

aufrichtiger Hochachtung

gewidmet

vom Verfasser.

Zueignung.

Am Ambos steht der Schmied und hämmert Waffen,
Und wölbt den Helm, und schmückt den Schild mit Wahl,
Und schärft das Schwert und härtet's siebenmal;
Was aber frommt sein Mühen und sein Schaffen,

Lebt nicht ein Held, den Schildrand aufzuraffen,
Das Schwert zu schwingen, daß sein blanker Stahl
Im Schlachtgewühle flamm', ein Wetterstrahl,
Und wo es hintrifft, Todeswunden klaffen!

So schafft der Dichter Traumgestalten auch,
Was aber frommt es, fehlt der Lebenshauch,
Als Lebensbild dem Leben sie zu zeigen!

Du liehst ihm diesem Lied, Du gabst ihm Gluth
Und Leidenschaft und heißes Corsenblut;
Du schlugst die Schlacht, so sey das Schwert Dein eigen!

Hüttelborf, den 18. Juni 1856.

                                        F. H.

Sampiero.

(Zum ersten Male aufgeführt auf dem Hofburgtheater zu
Wien am 22. Januar 1844.)

Personen.

Giordano d'Orsino, Statthalter Frankreichs in Corsica.

Giovanbattista Grimaldi,
Christoforo Saoli, } Commissäre der Republik Genua.

Sampiero da Bastelica, Generallieutenant im Dienste Frank=
reichs.

Vanina Ornano, seine Gemahlin.

Alfons,
Francesco, } seine Kinder.

Michele Ombrone, Sampiero's Geheimschreiber.

Agostino Lupo, ein geheimer Agent Genua's.

Der Präsident des Parlaments der Provence.

Michelagnolo Ornano,
Giovanantonio Ornano, } Vanina's Brüder, Offiziere in fran=
zösischen Diensten.

Ein französischer Offizier.

Antonio da San Fiorenzo,
Leonello da Bozzi,
Andrea Gentili,
Bruschino d'Orezza,
Marco Abati,
Battista di Pietra, } Sampiero's Freunde und
Anhänger.

Piero Calvese,
Florio da Corte, } Corsen und Sampiero's Offiziere.

Ein Diener der Brüder Ornano.

Französische Offiziere, genuesische Edelleute, verbannte Corsen, maurische
Sclaven, Parlamentsräthe, Huissiers.

Zeit: 1562. Schauplatz im ersten Akt zu Ajaccio auf Corsica;
im vierten Akt zu Aix in der Provence; im zweiten, dritten
und fünften Akt in Marseille.

Erster Akt.

Ajaccio. Gemach im Hause Sampiero's; im Hintergrunde eine
Vorhalle; links ein Fenster und eine Seitenthür; im Vordergrunde
rechts ein Tisch, auf dem sich zwei ausgelöschte tief herabgebrannte
Kerzen, ein Schreibzeug und viele in Unordnung übereinander ge=
häufte Papiere befinden; daneben ein Lehnstuhl.

—

Erste Scene.

Vanina tritt durch die Vorhalle rasch ein; Calvese
folgt ihr in einiger Entfernung.

Vanina.

Wie, Sampiero nicht zugegen?

Calvese.

Er begab sich früh Morgens in den Garten, sich
in der freien, frischen Luft, wie er pflegt, von den An=
strengungen der Nachtarbeit zu erholen. Befehlt ihr,
so will ich ihm melden —

Vanina.

Nein, laßt das! — Wie tief sind diese Kerzen herabgebrannt; er muß bis in den Tag hinein gearbeitet haben, und nun borgt er nicht einmal vom Morgen den Schlummer, den er der Nacht gestohlen.

Calvese.

Er könne nicht schlafen, pflegt er zu sagen, der General nämlich; Corsica sei der Pulsschlag seines Herzens und lasse ihn nicht ruhen.

Vanina.

Es ist genug, ich will ihn hier erwarten! Geht!
(Calvese entfernt sich.)

Vanina
(nachdem sie einige Male auf= und niedergegangen).

Und das ist nun seit Jahren sein Leben; die Tage auswärts, die Nächte bei der Feder durchwacht, und so geht es heute wie gestern, morgen wie heute und für uns bleibt nicht der karge Abfall einer müßigen Minute; die Kinder wachsen heran, er weiß es nicht; ich tröste ihn, er hört es nicht; ich schweige, er fühlt es nicht; Corsica ist der Pulsschlag seines Herzens, nur Corsica! — O, es ist traurig, sehr traurig!
(an den Tisch tretend und sich darüber hinbeugend, jedoch ohne eines der darauf liegenden Papiere zu berühren).

Briefe an den König von Navarra, an Aurelio

Fregoso zu Florenz, an Piero Strozzi zu Paris. Hier der Anfang eines Schreibens (lesend:) „Mit Entzücken erkannte ich die Züge eurer Handschrift" — mit Entzücken — die Handschrift eines Fremden, dessen Beistand er für Corsica anfleht — (Vom Tisch wegtretend.) Und wir — wir sind ihm nichts mehr! Sie sagen freilich, das müsse so sein; wo das Herz des Weibes nur an den Ihrigen hange, da breite ein großer Mann weiter die Arme aus, und Tausende umfange seine Liebe! Und er, er ist ein großer Mann, darum liebe ich ihn ja; darum gäbe ich gern alles Blut meiner Adern hin, seiner sorgenbeladenen Brust ihre Bürde abzunehmen, seinem unruhig strebenden Geist Befriedigung zu gewähren! — Aber was kann Vanina ihm noch nehmen, Vanina ihm noch geben? — Sampiero ist Corsica's und die Tage ihrer Herrschaft sind vorüber! Doch wer kommt da? —

Zweite Scene.

Vanina: Ombrone tritt durch die Seitenthüre links
ein; später Calvese.

Ombrone.

Eccellenza!

Vanina
(ihm rasch entgegentretend).

Ihr seyd es? — Was bringt ihr?

Ombrone.

Mancherlei, Eccellenza, und da der General nicht
zugegen, auch etwas für euch! (Ein versiegeltes Packet her-
vorziehend.) Hier ein zweites Schreiben der erlauchten Republik Genua an Vanina Ornano.

Vanina.

Weg damit! — War es nicht genug, das erste uneröffnet zurückgesandt zu haben? — Und wie kommt ihr,
ihr, der Geheimschreiber Sampiero's, zu diesen Briefen —
womit befaßt ihr euch? —

Ombrone.

Eccellenza!

Vanina.

Besorgte ich nicht den Unmuth meines Gemahls,

seinen fieberhaften Haß gegen Genua noch höher zu steigern, ich wäre versucht —

Ombrone.

Doch nicht eurem Gemahl mitzutheilen, Eccellenza, daß ihr ihm jenes erste Schreiben verheimlicht? Denn das würdet ihr, wenn ihr ihm dieses einhändigt, das sicher seines Vorgängers erwähnt. Wenn euch nun da= mals die Reizbarkeit des Generals bestimmte —

Vanina.

Ihr habt Recht; sendet denn dieses Schreiben dem ersten nach — sendet es zurück —

Ombrone.

Ungelesen? — Ihr solltet es doch reiflicher erwä= gen! — Wenn ihr gleich, hier geboren, Corsica eure Mutter nennt, so empfingt ihr doch von Genua die Muttermilch des Geistes, Erziehung — und wenn die Republik, wie es scheint, euch erwählt, den Frieden zwischen Genua und Sampiero zu vermitteln —

Vanina.

Frieden mit Genua — Noch ein Mal, womit be= faßt ihr euch? Seht euch vor, Ombrone!

Ombrone.

Warum seht ihr mich so forschend an? Mißtraut

ihr mir? — Ich bin ein ehrlicher Mann, Eccellenza, ein gerader, aufrichtiger Mann, ein Mann, der Sampiero mehr liebt als sein eigen Blut; denn um seinetwillen hab' ich der Erbleidenschaft aller Kinder Corsica's, der Blutrache, entsagt, um seinetwillen habe ich vergessen, daß mein Oheim durch Sampiero's Vater, daß mein Vetter, der das vergossene Blut rächen wollte, durch Sampiero's eigene Hand fiel! Ich habe mich von meinen Verwandten, ich habe mich von ganz Corsica feig schelten lassen, und ging hin und schwur am Altar die Blutrache gegen Sampiero ab; ich ging hin, ihm zu dienen, und diente ihm, lange Jahre diente ich ihm — ich bin ein treuer Mann, Eccellenza!

Vanina.

Ja, das seyd ihr und ich — doch genug — geht nun — Ihr kennt meinen Willen — sendet das Schreiben zurück —

Ombrone.

Wenn Treue warnt, wollt ihr sie gehen heißen? — Ehe ihr über dieses Schreiben entscheidet, erwägt die Lage des Landes, erwägt die Stellung eures Gatten. — Neun Jahre sind es, daß Sampiero, ergrimmt über das Elend, das Genua's Herrschaft über dies unglückliche

Eiland verhängte, Frankreichs Schutz für Corsica anrief!
Frankreich gewährte ihn; ein französisches Heer landete
zu San Fiorenzo; Corsica's Jugend folgte dem begeister-
ten Aufruf Sampiero's; sieben Jahre währte wechselnden
Glückes der Kampf um diese Insel; er geht nun zu Ende,
er muß zu Ende gehen. Frankreich läßt die müden Hände
sinken, Corsica, aus tausend Wunden blutend, lechzt nach
Frieden; er muß ihm werden, und was wird dann Sampiero's Schicksal sein? Mit Frankreich entzweite er sich,
indem er Giordano Orsino die Würde eines Statthalters
in Corsica streitig machte, ja selbst den eigenen Landsleuten entfremdete ihn sein gebieterischer Trotz, sein
rücksichtsloser Ungestüm —

Vanina.

Genug, zu viel!

Ombrone.

Sampiero hat wenig Freunde, Eccellenza; Genua
haßt ihn, Frankreich verläßt ihn, Corsica gibt ihn auf!
Welche Zukunft bleibt ihm, euch, euren Kindern, wenn
ihr, Sampiero's Gattin, Genua's Pflegetochter, wenn
Vanina, die beide lieben, der beide vertrauen, den Frieden
verschmäht, den Genua selbst ihr entgegen trägt.

Vanina.

Ihr seyd von Sinnen! Versöhnung, Frieden! Es gibt keinen Frieden zwischen Genua und Sampiero!

Ombrone.

Aber es gibt einen Frieden von Chateau Cambresis, abgeschlossen zwischen seiner allerchristlichsten Majestät Heinrich II. König von Frankreich und seiner katholischen Majestät Philipp II. König von Spanien, in dem festgesetzt und bedungen wurde, Corsica habe unter die Oberherrschaft Genua's zurückzutreten.

Vanina.

Frankreich konnte das nicht eingehen — es konnte nicht —

Ombrone.

Frankreich hat es eingegangen.

Vanina.

Aber der König wird es nicht ausführen; er kann Corsica, dem er seinen Schutz verheißen, nicht wehrlos dem Druck der alten Knechtschaft übergeben! Er kann, er wird es nicht! Ihr wißt, die Corsen haben auf Sampiero's Rath Abgeordnete an ihn gesendet, ihn an sein Versprechen zu mahnen, mit der Beredsamkeit der Verzweiflung ihn zu bestürmen! Er wird, er muß sie erhören!

Ombrone.

Er hat sie nicht erhört!

Vanina.

Was sagt ihr? — Casabianca — Marco d' Am-
biegna —

Ombrone.

Sie sind zurückgekehrt! — Der König bedauert den
Wünschen Corsica's nicht entsprechen zu können —

Vanina.

Unerhört — unmöglich —

Ombrone.

Der Statthalter hat Befehl erhalten, die Insel zu
räumen; noch mehr, kaum waren die Abgesandten Corsica's mit dieser Trauerpost hier eingetroffen, als auch
schon zwei genuesische Galeeren in den Hafen einliefen,
um die Comissäre an's Land zu setzen, die Genua zur
Besitznahme Corsica's abordnete. Die Uebergabe soll noch
heute stattfinden.

Vanina.

Mir schwindelt — Frankreich verläßt uns und Corsica —

Ombrone.

Es unterwirft sich der Oberherrschaft der erlauchten

Republik Genua, es muß sich unterwerfen, und ihr —

(Calvese erscheint im Hintergrunde in der Vorhalle) wollt ihr es
nun darauf ankommen lassen, daß Sampiero, unbeugsam
wie er ist, allein und verlassen den Kampf mit Genua
fortsetze? Wollt ihr ihn geächtet, seiner eigenen Be=
sitzungen wie der eurigen verlustig, von Elend aufgezehrt,
langsam der Uebermacht erliegen sehen? Bedenkt euch
nicht länger, hier nehmt das Schreiben Genua's —

Calvese
(der indessen etwas vorgetreten, für sich).

Wie, ein Schreiben Genua's?

Ombrone.

Nehmt es, hier ist Rettung, nur hier! Unterhandelt
mit Genua, Sampiero wird das Geschehene gutheißen! —

Calvese
(für sich).

Genua — Sampiero — Unmöglich!

Ombrone
(fortfahrend).

Und ihr — ihr werdet das große Werk vollbracht
haben, werdet eurem Gemahl —

(Calvese gewahr werdend, hält er inne, und tritt mit einer leichten
Verbeugung einen Schritt zurück.)

Vanina

(auf Calvese zuschreitend).

Ihr hier, Calvese? Was soll es, was bringt ihr?

Calvese.

Der General verließ soeben den Garten und wen=
det sich hieher, jedoch so ernster Stimmung und so tief
in Gedanken versunken, daß es mir, wie ich ihn kenne,
gerathener schiene, wenn ihr vielleicht später —

Vanina.

Nein, ich muß ihn sprechen, gleich jetzt ihn sprechen!
Ich erwarte ihn hier.

Calvese.

Wie ihr befehlt — (Im Abgehen für sich.) Briefe von
Genua! — Wir sind verrathen, wenn ich recht hörte,
verrathen und verloren!

(Er geht links im Hintergrunde ab.)

Ombrone.

Der General war es, der mich nach dem Hafen
sandte, um die Nachrichten einzuziehen, die ich euch mit=
theilte (sich dem Hintergrund zuwendend), und so vergönnt mir
nun ohne Säumen den Nahenden —

Vanina

(ihm in den Weg tretend).

Nein, du sollst nicht mit deiner kalten ehernen Hand

in das Gewebe seiner Träume greifen! — Du nicht —
ich will es ihm sagen! Den Becher der Freude kredenze
ihm wer will, aber mit zitternder Hand den Leidenskelch
ihm füllen, an seinem Rande einen Tropfen, und wär's
nur die Bitterkeit eines Gedankens, wegstehlen und den
Rest bis auf die Hefen mit ihm theilen, das ist mein
Vorrecht, und so geht denn, laßt uns allein —

Ombrone.

Und das Schreiben von Genua —

Vanina.

Mich dünkt, ich höre seine Schritte! Fort, Ombrone,
ich will es —

Ombrone.

Bedenkt, Eccellenza —

Vanina.

Hinweg — in der Stunde des Unglücks soll kein
Fremder zwischen uns stehen! — Fort, sage ich! —
(Sie hat Ombrone während der letzten Rede allmählich zur Seiten=
thüre hinaus gedrängt; sobald er abgegangen, kehrt sie in den Vorder=
grund der Bühne zurück.) — Die Gesandten zurückgekehrt! —
Seine liebste, seine einzige, seine letzte Hoffnung vernichtet!
O um wie viel lieber wollt' ich selbst noch dreimal her=
beres Leid erfahren, als dieses ihm verkünden!

Dritte Scene.

Vanina. Sampiero tritt links aus der Vorhalle.

Vanina

(während Sampiero, die Arme gekreuzt, das Haupt auf die Brust gesenkt, langsam dem Tische im Vordergrunde rechts zuschreitet und sich, ohne Vanina gewahr zu werden, gedankenvoll in den Lehnstuhl niederläßt).

Da kommt er! Welche Leidenschaft in diesem schweigenden Hinbrüten! Welcher Schmerz in dieser Versunkenheit! Und ich muß ihn noch stacheln, muß so bittern Trank ihm reichen — aber wie, wenn er eben in seiner Bitterkeit Arznei wäre, wenn der Himmel das Glück seiner Träume in Trümmer fallen ließe, ihn zu jenem zurückzuführen, das ihm in der Wirklichkeit blüht, wenn er Corsica verlöre, um Vanina wieder zu finden? Gütiger Himmel! Wenn ich versuchte, ihn von dieser Seite zu fassen, auf diesen Weg ihn hinzudrängen — (Nach einer kurzen Pause.) Ich will es versuchen! — (Sie nähert sich Sampiero und legt die Hand auf seine Schulter; sanft:) — Sampiero!

Sampiero.

Was bringst du, Ombrone? Rede welche Nachrichten — Wie! Ihr seyd es — Vergebt mir Vanina —

ich war in Gedanken verloren — in Träume versunken —
noch einmal, vergebt mir —

Vanina.

Sampiero, ihr kanntet sie einst nicht, diese finstern
Träume! Wie eure sturmbewegte Seele jetzt selbst im
Wachen euch dunkle Schatten über die Wirklichkeit hin=
wirft, so nahmt ihr einst die Bilder blühenden Glückes
noch in euren Schlummer mit hinüber; da riefet ihr
träumend: Vanina! den Namen der Geliebten; Alfons!
den Namen eures Erstgebornen! — O die Zeit war
schön!

Sampiero.

Ja, es war eine schöne Zeit! —

Vanina.

Und jene noch frühere, noch schönere Zeit unserer
ersten Begegnung, als das muthwillige Mädchen plötzlich
ernst und still geworden, schüchtern zu dem gereiften, be=
sonnenen, kampfberühmten Manne empor sah, als er,
der Held der Schlachten, der Abgott der Menge, seine
Lorbeeren, seine Siegeskränze nur darum gewonnen zu
haben schien, Vanina's Stirne mit ihnen zu schmücken! —
O selige Tage, daß ihr vorüber seyd und vergessen! —

Sampiero.

Vanina, sie sind nicht vergessen! — Sampiero vergißt nicht, du solltest das wissen —

Vanina.

Und dennoch —

Sampiero.

Nein, sage ich dir! — Schreibe deinen Namen in Sand, und er verweht, aber spalte den Fels, und die Spur wird bleiben; der Bauernsohn Sampiero hat nicht vergessen, daß Vanina Ornano aus ihrer Höhe zu ihm herabstieg —

Vanina.

Mein Gemahl —

Sampiero.

Ich sage dir das, Vanina, weder dir zum Hohne, noch weniger aus einem Uebermaß der Demuth, sondern weil es so ist, weil ich fühle, welche Opfer du mir brachtest, und wie übel ich sie dir vergolten!

Vanina.

Wer sagt das? Bin ich nicht dein Weib, bin ich nicht stolz darauf, dir anzugehören, sind meine Kinder nicht Sampiero's, des großen Sampiero Kinder? — Wer dürfte behaupten —

Sampiero.

Ich behaupte es! — Ich weiß, du fühlst dich nicht glücklich, aber ich kann es nicht ändern; ich liebe dich, aber hinge mein Leben daran und deines, ich kann es nicht ändern. — Ja, wer die Schläge des Herzens stellen könnte, wie man Uhren stellt, wer das erfände! — Genug davon! — War nicht Ombrone hier? Ich sandte ihn nach dem Hafen, und er sollte längst zurück gekommen seyn!

Vanina.
(für sich.)

Die Augenblicke fliehen, und wenn — (sich entschlossen zu Sampiero wendend, der indessen wieder an den Tisch getreten ist:) Höre mich an, Sampiero! Du weißt es, und Gott sah es, ich war ein glückliches Weib, glücklich in dir, in deinen Kindern, in deinem Ruhme, bis jener verhaßte Genueser, bis Spinola, der Gouverneur Bastia's, die abgöttische Verehrung deiner Landsleute für dich dir zum Verbrechen zu machen anfing, dir ein Hirngespinst von Verschwörung andichtete, dich verhaften ließ, ja noch Schlimmeres über dich zu verhängen drohte, hättest du nicht im Dienste Frankreichs gestanden, hätte nicht die Verwendung des Königs deine Ketten gelöst! — Sie fielen, aber seit jenem unglückseligen Ereignisse war deine

Ruhe und unser Glück dahin; Rachsucht, Haß, die bösen Geister, die an der Wiege jedes Corsen stehen, hatten dich erfaßt —

Sampiero
(auf= und niedergehend).

Rachsucht — Haß — Ja, das war der Anfang! — Ja, ich hasse sie, alle hasse ich sie, diese Genueser, und stiege das Meer aus seinen Ufern, und wollte die hoch= gethürmte Stadt verschlingen, und könnte ein Wort aus meinem Munde sie retten, ich spräch' es nicht, und ver= schlösse mir auch mein Schweigen die Pforten des Him= mels, ich spräch' es nicht! — Rachsucht, ja, das war es, doch war's nicht das allein! — In der Stille meines Kerkers wurde es laut in mir! Die Lieder, die ich als Knabe sang, wenn ich hinter dem Pfluge herging, tönten mir im Ohre wieder — es waren Klagelieder um Corsica! — Ich hörte den letzten Schrei meines sterbenden Vaters wieder durch die Lüfte gellen! Er hieß: Corsica! und Genueser schlugen ihm die Todeswunde! Bei Nacht stieg er vor mir auf, wie ein Gespenst, und schlug die Grab= tücher auseinander, die es verhüllten, und zeigte mir seine Striemen, seine Wunden! Erlösung! rief es, und rang die abgezehrten, fesselumstrickten Hände! Und ich erkannte verwandte, theuere Züge in dem bleichen, blut=

losen Antlitz, Corsica's Züge erkannte ich), und schwur, es zu erlösen! — Ich will Wort halten, ich will kämpfen, bis das Blut meiner Adern vertrocknet, bis die Sehnen dieser Arme — Genug, wir sind nichts, der Himmel muß das Beste thun! — Wo nur Ombrone bleibt!

Vanina.

Corsica und wieder Corsica! Und wir, Sampiero? — Ich, mehr deine Witwe als noch dein Weib, und sie, deine verwaisten Kinder — wir sind dir nichts mehr? — Du kämpftest jahrelang und kämpftest vergebens, und wirst immer vergebens kämpfen! Erkennst du es denn nicht, begreifst du es nicht, der Himmel ist nicht mit dir! — Corsica ist verloren, und wir, die Kinder, die durch dich leben, und ich, die nur in dir lebt, wir strecken die Arme nach dir aus —

Sampiero.

Ruhig, Vanina! Wie oft soll ich dir's noch sagen, Corsica ist nicht verloren, und es werden bessere Tage kommen, Tage, wo dieses Schwert in irgend einer dunk= len Ecke des Hauses rosten, wo Tauben nisten sollen in meinem Helme, wo ich euer sein werde, ganz euer! — Sei ruhig, sag' ich! Ist mir doch gerade heute so vertrauend, so hoffnungsfreudig zu Muthe, wie lange nicht, und wenn ich erwäge, wie die Dinge stehen, so kann ich nur Erfreulichem entgegen sehen. Die Männer, die wir an König Friedrich gesendet, müssen heute, längstens morgen zurückkehren —

Vanina.

Die Gesandten, Sampiero —

Sampiero.

Ich erwarte sie täglich, stündlich! Der König darf Corsica nicht aufgeben! Wie lange kann der Frieden mit Spanien währen, und kommt es zum Bruche, so sichert ihm Corsica die Herrschaft über das mittelländische Meer! Ein Kind begriffe das, und er muß es einsehen —

Vanina.

Die Gesandten, Sampiero —

Sampiero.

Es sind tüchtige, ehrenhafte Männer, die gewiß das Ihrige redlich gethan haben! — Genua ist nur mehr im Besitze von Bastia und Bonifacio, seine Kräfte sind erschöpft, noch ein paar glückliche Gefechte, und Corsica —

Vanina.

Nein, nein, sprich das Wort nicht aus! —

Sampiero.

Was haſt du — Wie?

Vanina.

Sampiero, die Gesandten —

Sampiero.

Wie, Thränen — die Gesandten — Allmacht des
Himmels — ſind ſie zurückgekehrt und bringen —

Vanina

(antwortet mit einer verneinenden Bewegung).

Sampiero.

Frankreich treulos! Abfall, Meineid, Verrath! (Er
verbirgt das Geſicht in den Händen, nach einer Pauſe:) Wach' ich
oder träum' ich? Zurückgekehrt, ſagſt du —

Vanina.

Ombrone brachte die Nachricht —

Sampiero.

So iſt es Wahrheit — Und draußen blauer Him
mel und Sonnenſchein, und das Meer glatt und eben,
kein Gähren, kein Aufruhr in den Elementen! — Gott
ſieht es und duldet es?

Vanina.

O mein Gemahl —

Sampiero.

Der König — nein, das that der König nicht, aber seine Räthe, seine Höflinge, seine Diener! — Wie sie mir die Hände drückten und dieses zugeschworen und jenes betheuerten; wie friegslustig, wie grimmig sie thaten, und alles Lüge, Alles! — Nichtswürdiges Geschlecht, ich will dich brandmarken im Angesicht Europa's, ich will — ich werde — Was will ich? Was kann ich? Alles hin, warum nicht auch mein Leben! —

Vanina

(nach einer Pause sich ihm nähernd).

Starre nicht so finster vor dich hin, Sampiero! Sieh mich an, sprich zu mir; laß deinen Schmerz Worte finden; schelte, zürne, klage, ich will mit dir klagen! Oder ist dein Muth, deine Kraft gebrochen, so sinke hin am Grabe deiner Hoffnung und jammere, weine, ich will mit dir weinen! O sieh mich an, laß nicht deine kalte Hand so starr, so todt in der meinen liegen! Corsica ist verloren, aber deine Größe bleibt dir! (Sampiero noch immer vor sich hinstarrend, nimmt die Briefe vom Tisch und zerreißt sie.) Sieh meine Arme und mit

hnen noch andere kleine rosenfarbene Hände sind nach
dir ausgestreckt, laß sie uns nicht leer zurückziehen! Du
hast nur uns mehr! — Sey unser! Wie deine Hand
diese Briefe, erst noch wichtig, jetzt unnütz, in Stücke
reißt, so reiße die Sehnsucht nach dem Unmöglichen aus
deiner Seele! Denke an unsere Bastide bei Marseille,
wie die Reben sich dort an den Wänden des kleinen
Hauses hinanschlingen, wie die kräftige Luft dort stärkt,
wie der blaue Himmel dort die Seele weitet, die tiefe
Stille dort sie beruhigt! Dorthin laß uns fliehen, dort=
hin! Du bist groß gewesen, lerne nun auch glücklich seyn!

Sampiero

(unbewußt halblaut vor sich hinsprechend).

Die Hände in den Schoß legen, und lebend ver=
wesen — oder —

Vanina.

Zu mir sprich, Sampiero! Laß die Schattengestal-
ten, die Gespenster verschwinden, auf die du hinstarrst,
und mir, mir sieh ins feuchte lebendige Auge! Ich lasse
dich nicht mehr, du bist unser! Nun sollst du uns mit
Wucher zurückerstatten, was du uns so lange entzogen!
Du wolltest Corsica befreien, nun sollst du meine Seele
aus den Banden jahrelangen Kummers erlösen! — Du

wolltest Genua überwinden, nun sollst du in den Herzen
deiner Kinder schlimmere Feinde, mächtigere Unterdrücker
besiegen, die Keime der Leidenschaften sollst du in ihrer
Seele ersticken, und deine Tugenden hineinsäen, deine
Gesinnung sollst du ihnen vererben, deine —
(Sampiero, der bisher regungslos dagestanden, geht rasch in die
Seitenthür links ab).

Vanina
(einige Schritte ihm nacheilend).

Sampiero! — (Sie bleibt stehen, und kehrt wieder in den
Vordergrund zurück.) Umsonst, wieder umsonst, — Alles um=
sonst! — Ich war vielleicht zu rasch; der Schmerz hat
auch seine Rechte, und ein wundes Herz will nicht be=
rührt sein, so lange es blutet — Nein, hinweg —
hinweg! — Verstummt ihr lügenhaften Stimmen, die
ihr mir zuflüstert: Geduld, es wird noch besser werden,
es wird sich ändern! — Nein, er wird sich nicht ändern! —
Gemüther wie das seine lassen nicht ab vom Ziele ihres
Strebens, bis sie es erreicht; dann freilich — dann ist's
vorüber! — Im Besitze stirbt der Reiz, und das ein=
mal Errungene hat keinen Werth mehr! — Ich weiß
das! — O, es ist eine Bitterkeit in meiner Seele —

Sampiero
(zurückkehrend).

Vanina, auf corsischem Boden ist kein Bleiben mehr

für Sampiero's Gemahlin! Laßt euch gefallen, euch noch
heute nach Marseille einzuschiffen!

Vanina.

Es ist gut!

Sampiero.

Antonio da San Fiorenzo wird euer Führer und
Begleiter sein; hört, bitt' ich, auf seinen Rath, als wär's
der meine, und so beliebt euch reisefertig zu machen.
(Er wendet sich abzugehen, innehaltend). Noch eins, ich gehe
noch in dieser Minute zu Schiffe nach Barcelona. Ich
will von dort nach Navarra und wenn es nöthig ist nach
der Levante, in der Berberey. — Wir trennen uns auf
Monden, vielleicht auf Jahre! — Doch jetzt keinen Ab=
schied! Wir sprechen uns noch!
(Geht rasch ab.)

Vanina.

Trennen — Monden — Jahre — Sampiero — Da
ist kein Halten, ist kein Widerstand! — Unhemmbar,
wie der einmal abgeschossene Pfeil, strebt er seinem Ziele
zu — und welchem Ziele! — Ein Einzelner, und Europa
gegen ihn — eine Aussaat ohne Ernte — ein Kampf
ohne Sieg! — Er ist verloren, rettungslos verloren!
Und keine Stütze, wonach ich auch auch greife — keine Hilfe,
wohin ich auch blicke! — Mir zuckt es durch alle Nerven —

mir siedet es im Gehirn! — Er hört mich nicht, so höre du mich, Himmel! — Einen Ausweg aus diesem Wirrsal — einen Lichtstrahl in dies Dunkel — einen Retter in meinen Nöthen! — Hilf, rette, Himmel!

Vierte Scene.

Vanina, Ombrone tritt aus der Seitenthür links.

Ombrone.

Der General will zu Schiffe, Eccellenza!

Vanina.

Wie — Ombrone — Sandtest du mir diesen? Das Schreiben von Genua! —

Ombrone.

Bin so frei gewesen, es in eurem Cabinette hinzu legen, Eccellenza!

Vanina.

Wenn es von dir käme! — Du rufst aus todtem Stein den lebendigen Quell hervor, du lassest im Giftkraut Siechthum und Heilung zusammen wohnen, du kannst auch Segen in die Worte unserer Feinde gelegt, du kannst mir den Weg zum Frieden zwischen den Zeilen jenes Blattes hingezeichnet haben! — Sey du mit mir, wenn ich sein Siegel breche! — Ich bin entschlossen! Jetzt zu Sampiero! Folgt mir, Ombrone!

(Mit Ombrone ab.)

(Verwandlung. Marktplatz zu Ajaccio mit der Aussicht
auf den Hafen.)

Fünfte Scene.

Der Statthalter Giordano Orsino mit Grimaldi
und Saoli im Halbkreise von französchen Offizieren
und dem Gefolge der genuesischen Commissäre umgeben.
Der Hintergrund der Bühne ist von französischen Helle-
bardieren besetzt.

Orsino.

Noch einmal, willkommen, ihr Herren und möget
ihr euch hier weicher gebettet finden, als es den Anschein
hat; mindestens scheint die stürmische Liebe des Volkes
für eure erlauchte Republik euren Einzug in diese Stadt
eben nicht belästigt zu haben.

Grimaldi.

In der That Herr Statthalter, die Straßen sind
leer, der Marktplatz ist verödet; allein Zeit und Ge-
wohnheit sind in allen menschlichen Dingen die besten
Vermittler, und die milde Herrschaft Genua's wird seine
verirrten Kinder früher oder später zu ihrer Pflicht zurückzuführen wissen.

Orsino.

Möge es so kommen, und so laßt uns denn an
unser Geschäft gehen! Rührt die Trommel!

(Drei Trommelwirbel, worauf ein Page mit einem Sammtkissen vor=
tritt, auf welchem eine Pergamentrolle liegt.)

Orsino
(die Rolle einem Offizier hinreichend).

Lest!

Offizier
(liest).

„Wir Heinrich II., von Gottes Gnaden König von
„Frankreich, Herzog in der Bretagne, Graf der Provence
(Wie der Name des Königs ausgesprochen wird, entblößen alle An=
wesenden ihre Häupter), entbieten unsern lieben und getreuen
„Unterthanen in Corsica unsern Gruß, und geben ihnen
„hiemit Geistlichen und Weltlichen, Adeligen und Bürgern,
„Freien und Hörigen kund und zu wissen: Was maßen
„wir im Friedensschlusse von Chateau-Cambresis Seiner
„katholischen Majestät Philipp II. König von Spanien,
„und rücksichtlich seiner Verbündeten, der erlauchten Re=
„publik Genua, verheißen und dafür unser königliches
„Wort verpfändet haben, unsere Truppen aus Corsica
„zurückzuberufen, und die Insel der vorbesagten erlauch=
„ten Republik zurückzustellen und zu übergeben, so wol=
„len wir unsere lieben, getreuen Unterthanen in Corsica
„hiermit ihrer Eide gegen unsere königliche Person und
„die Krone Frankreichs entbunden, auch unserm Statt=

„halter in Corsica hiemit nachdrücklichst befohlen haben,
„die Insel ungesäumt den Commissären der erlauchten
„Republik zu übergeben. Dies ist unser königlicher
„Wille."

(Trommelwirbel, worauf ein anderer Page mit einem Sammtkissen,
auf welchem ein paar Schlüssel liegen, vortritt.)

Orsino
(wie die Uebrigen sich bedeckend).

Ihr Herrn Abgeordnete von Genua! In treugehor-
samster Erfüllung dieses Mandates meines allergnädig-
sten Herrn und Königs habe ich bereits Befehle zur
Räumung aller festen Plätze der Insel gegeben, die im
Besitze Frankreichs waren; was aber Ajaccio betrifft, so
empfangt hier die Schlüssel dieser guten Stadt!

Grimaldi
(die Schlüssel vom Kissen aufhebend, sie aber wieder darauf zurück-
legend).

Wir empfangen sie!

Orsino
(während von ferne Glockengeläute und Kanonenschüsse hörbar werden).

Noch vor Ablauf dieser Woche werde ich die königlichen Truppen eingeschifft und mit ihnen die Insel verlassen haben. Schon begrüßt das Geschütz eurer Galeeren die Farben Genua's, die von nun an statt jenen

Frankreichs von den Zinnen der Citadelle wehen sollen, und so übergebe ich hier im Namen meines Herrn und Königs Corsica eurer Gewalt und Herrschaft.

Grimaldi.

Und wir empfangen es im Namen der erlauchten Republik Genua; wir strecken unsere Hände aus, und nehmen Besitz von diesem Eiland und unterwerfen es mit seinen Bewohnern, mit Städten und Dörfern, mit Berg und Thal, mit Feld und Flur der Landeshoheit der erlauchten Republik! Heil, Genua!

Gefolge der Commissäre.

Heil, Genua!

Orsino
(für sich).

Morbleu, ein schwaches Echo!

Sechste Scene.

Die Vorigen; links im Vordergrunde erscheinen Marco
Abati, Bruschino d'Orezza, Andrea Gentili,
Leonello da Bozzi, Battista di Pietra und andere
Freunde Sampiero's; bald darauf treten im Vorder=
grund rechts Sampiero in Reisekleidern mit Vanina,
die ihre Kinder an der Hand führt, mit Antonio da
San Fiorenzo, Calvese, Florio da Corte und
Ombrone auf.

Saoli.

Vernehmt ferners, getreue Bürger Ajaccio's —

Orsino
(für sich).

Wohl bekomm' euch ihre Treue! —

Saoli.

Vernehmt, indem wir allen Corsen, die Verbannung
der Unterwerfung unter die rechtmäßige Oberherrschaft
Genua's vorziehen sollten, nach den Bedingungen des
Friedensschlusses von Chatean=Cambresis freien Abzug
unter dem Schutze der französischen Fahne gestatten, ver=
heißen wir den Zurückbleibenden im Namen der erlauch=
ten Republik milde Gesetze, gerechte Richter und leichte
Auflagen; wir ertheilen ferners jenen, die in den letzten

Unruhen von der Sache Genua's abfielen, sobald sie
nunmehr ihrer rechtmäßigen Obrigkeit den Eid der Treue
leisten, vollkommene Vergebung und Straflosigkeit, und
wollen von dieser Gunst selbst die Anführer und Rath=
geber der Abtrünnigen, als da sind: Antonio da San
Fiorenzo, Marco Abati, Leonello da Bozzi, Sampiero
da Bastelica und andere mehr nicht ausschließen, wenn
sie die erlauchte Republik um Aufhebung der gegen sie
vorlängst verhängten Aechtung demüthig bitten —

Sampiero
(vortretend).

Bitten — sie werden nicht bitten —

Vanina
(ihn zurückhaltend).

Sampiero!

Antonio
(gleichfalls ihm in den Weg tretend).

Bist du von Sinnen?

Sampiero
(sich von ihnen losreißend).

Hinweg — sie werden nicht bitten, sie werden nicht
flehen zu eurer Krämerrepublik, zu eurer St. Georgs=
bank, zu euren Handelsbüchern, denn das sind eure Ge=
setze; zu euren Goldbarren, denn das sind eure Götter;

sie werden nicht knieen vor euch, die ihr Corsica arm, unwissend und roh sein ließet, damit es euch sicherer gehorche, die ihr Zwietracht unter seine Kinder säet, damit ihr es leichter beherrschet, die ihr dem Einzelnen Gewaltthaten erlaubtet, um sie ungestraft an Allen ausüben zu können! Sie werden nicht bitten zu euch, sie werden euch fluchen und ins Elend gehen, sie werden euch hassen, wie ich euch hasse, euch Blutsauger meines Landes, Entwürdiger meines Volkes, euch Räuber uns'rer Freiheit —

Saoli.

Generallieutenant, mißbraucht nicht den Schutz, den Frankreich euch und eurem Anhang zugesteht!

Orsino.

Mäßigung, Sampiero! Der König, unser Herr —

Sampiero.

Ich habe das Patent zerrissen, das mich zu seinem Diener machte; ich begehre von Frankreich nichts mehr, als Schutz und Schirm für meine Kinder; ich habe keinen Herrn mehr! — Und Mäßigung sagst du? Meinst du die Mäßigung, mit der eine willenlose, ohnmächtige Zeit wie mit einem grünen Blatte ihre Blößen bedeckt, die Mäßigung, Orsino, in der du Meister bist, die Mäßigung, die es mit keiner Partei hält und mit keiner verdirbt, die nach jedem Winde den Mantel kehrt, die stets in Bewegung nie von der Stelle kommt, die Mäßigung, die dir dies Ordensband um den Nacken schlang, und dich zum Statthalter Corsica's machte — denn gälte Verdienst, so wär' ich an deiner Stelle und Corsica wäre frei — diese deine Mäßigung, diese vornehme Halbheit, dieses feige Schwanken und Wanken, diese gewissenlose Gewissenhaftigkeit veracht' ich! Mein Ziel steht mir fest, mein Wille ist stark, meine Leidenschaften sind echt, und mit Entzücken und Wollust ergießt sich meine übersprudelnde Seele in die Worte, die dir sagen, wie ich Genua hasse und dich —

Orsino
(die Hand am Degen).

Das fordert —

Grimaldi
(Orsino zurückhaltend).

Sampiero, wenn ihr noch fähig seyd auf wohlmeinenden Rath zu hören, so erwägt was ihr thut, und was ihr redet! — Bedenkt, daß die Ansprüche Genua's auf diese Insel —

Sampiero.

Sie sind erloschen —

Grimaldi.

Daß die Schrecken des Krieges, die Corsica schon so lange verheeren —

Sampiero.

Knechtschaft ist das schlimmste Uebel —

Grimaldi.

Ohnmächtiger Trotz, der gegen das Unabwendbare sich stemmt! Europa hat über Corsica's Geschick entschieden, und ihr —

Sampiero.

Ja, ihr habt es erreicht; Europa hat Corsica in die Hände seiner Feinde geliefert! — Diese schmachvoll getäuschte, mißhandelte, in den Staub getretene Insel findet keinen Beschützer, keinen Bundesgenossen mehr, der ihre Rechte vertheidigte, aber es bleiben ihr noch ihre wackern Söhne, ihre gute Sache und ich — Sampiero bleibt ihr! — Frohlocket nur und feiert Siegesfeste, prahlt mit eurer Uebermacht, während wir verbannt und geächtet, arm und hilflos aus unserer Heimat scheiden! Aber seht euch vor, die Stunden fliehen und das Glück wechselt; und ein Tag wird kommen, wo wir aus der Verbannung zurückkehren, wo die Eingeschüchterten sich ermuthigen, die Gefesselten ihre Bande sprengen werden;

ein Tag wird kommen, der tausend Schwerter aus der Scheide fliegen sieht, wie jetzt dieses (er zieht, seine Freunde in begeisterter Aufregung ebenfalls), ein Tag, der von tausend Lippen den Schrei aufsteigen hört zum Himmel: Nieder mit Genua!

Sampiero's Freunde

(tumultuarisch).

Nieder mit Genua!

Sampiero.

Ein Tag wird kommen, Genueser, wo Sampiero's Name wie Sturmwind alle Wälder dieser Insel durchbrausen, wo sein Schlachtruf wie Posaunenschall hindröhnen wird über die hundert Schlachtfelder Corsica's, bis die Gebeine der Erschlagenen sich regen im Schoß der Erde, bis es aufächzt aus dem Schlund ihrer Gräber: Die Zeit ist gekommen, der Rächer ist da! Dann wird euer Muth sinken, dann wird die Sense Waffe werden, und der Stein Geschütz, dann werden —

(Auf einen Wink Orsino's, dem Grimaldi während Sampiero's letzter Rede einige Worte zuflüstert, wird die Trommel gerührt und Orsino, Grimaldi und Saoli gehen mit ihrem Gefolge während anhaltenden Trommelschlagens, das Sampiero's Worte übertäubt und ihn zu schweigen zwingt, quer über die Bühne links ab.)

Siebente Scene.

Sampiero und seine Freunde; Vanina mit den Kindern; Ombrone.

Antonio

(sobald die Trommeln verhallen).

Die Unverschämten! —

Leonello.

Und wären dieser Genueser noch zehnmal mehr als ihrer sind, laßt uns über sie losbrechen!

Battista und Andrea.

Nieder mit ihnen!

Sampiero.

Ruhe, meine Freunde, Ruhe! Ich will es! Der Tag wird kommen!

Marco.

Deine Worte mit Trommelgerassel zu übertäuben —

Sampiero.

Laßt Gewalt nur ihre Stimme erheben, der Schrei der Unterdrückten steigt doch zum Himmel! — Der Tag wird kommen, und drum kein Säumen mehr! — Ich

will nach Navarra; das Haus der Bourbons war uns
Corsen immer gewogen; seine Hilfe will ich zuerst an=
flehen; sollte es aber, oder muß es sie uns verweigern,
so will ich die Waffen der Osmanen aufbieten, will die
Raubstaaten der Berberei zu Bundesgenossen anwerben,
und sollte ich Hilfe suchen müssen bei den Dämonen der
Hölle, für Corsica's Freiheit ist kein Preis zu hoch! —
Calvese und Florio begleiten mich, ihr Andern harrt in=
deß nach unserer Abrede zu Marseille meiner Wiederkehr!
Haltet fest zusammen in brüderlicher Eintracht, schenkt
den Einflüsterungen, den Verheißungen, den gold'nen Lü=
gen Genua's kein Gehör, sondern gedenkt eurer Schwüre,
gedenkt Sampiero's, der Rechenschaft fordern wird für
jeden eurer Gedanken, der Corsica's Sache verließ, ge=
denkt Sampiero's, der hier vor Gottes Angesicht schwört,
im Blute des Verräthers auszutilgen die Schmach des
Verraths! Gedenkt dessen! Dir empfehle ich sie, Antonio,
du bürgst dem Vaterland für ihre Seelen!

Antonio.

Ziehe hin; du sollst keinen der Unsern missen, wenn
du wiederkehrst.

Sampiero.

Darauf zähl' ich, und nun hinweg, zu Schiffe!

Vanina

(die bisher regungslos dagestanden; ihre Kinder erfassend und rasch
vortretend.)

Sampiero, deine Kinder!

Alfons.

Du gehst fort, Vater?

Francesco.

Bring' mir Spielzeug mit, schönes Spielzeug!

Sampiero.

Freiheit, goldene Freiheit will ich euch mitbringen!
— Gottes Segen über euch! Wachset und gedeihet, denn
Corsica braucht Männer! Vanina, lebe wohl! (Er reicht
ihr über die Kinder hin die Hand, dann zu Antonio gewendet.)
Auch diese empfehl' ich dir, Antonio! Du führst sie nach
Marseille, du wachst über sie —

Antonio.

Wie über die Meinen!

Sampiero.

Ich weiß, du wirst es, und so lebe wohl! Auch ihr
lebt wohl! — Leonello, deine Hand, und deine, Bat=
tista! Lebt Alle wohl, und auch du, Boden meiner Hei=
mat, du thränenfeuchter, blutgetränkter, durch Genua's
Fußstapfen frech entweihter Boden, lebe wohl! — Mir
ist, als könnte ich nicht von dir scheiden, könnte nicht in

deinen Nöthen, in deiner Hilflosigkeit von dir lassen, könnte nicht, selbst um deinem Elend ein Ende zu machen, von dir gehen! — Wie mit Mutterarmen hältst du mich, ziehst du mich zurück (sich auf die Erde niederwerfend), und so sinke ich hin an deinen Busen, Mutter Corsica, und so küsse ich dich, und so netze ich mit meinen Thränen dir die Wangen! — Unglückliche Insel, sage dir dies Aufstöhnen meiner gequälten Brust, sage dir dies Beben meiner Stimme, daß Sampiero nur für dich denkt, fühlt, athmet! — Unglückliche Insel, könnte ich mit diesen Armen deine Wurzel losreißen aus dem Schoß der Erde, und, ein zweiter Atlas, mit mir dich forttragen, um dich niederzulassen in unentdeckten Meeren, wo kein Genua ist, kein Zwang und keine Knechtschaft, oder könnte ich dich versinken machen, und mit dir versinken in die Tiefe der Gewässer, wo Nacht und Tod ist, aber im Tode Freiheit! (Aufspringend). Nein, nein, es lebt ein Gott im Himmel, und er wird Corsica's Bande lösen! Bis dahin, meine Freunde, laßt Sieg oder Tod unsere Losung, Muth und Vertrauen unsern Wahlspruch, Corsica über Alles unsern Schlachtruf seyn, wie es der Abschiedsgruß Sampiero's an euch Alle ist — Corsica über Alles!

(Er geht rasch ab; Vanina mit den Knaben, Antonio und die übrigen Freunde Sampiero's drängen ihm stürmisch nach.)

Antonio und Bruschino

(während sie abgehen).

Corsica über Alles!

Leonello

(ebenfalls im Abgehen).

Heil Sampiero, dem großen Sampiero!

Marco, Andrea, Battista, Bruschino und die Uebrigen

(stürmisch nachdrängend, tumultuarisch).

Heil dem Retter, dem Befreier! Dem großen Sampiero Heil!

(Der Vorhang fällt).

Zweiter Akt.

Sampiero's Landhaus bei Marseille, Garten; im Hintergrund
die Aussicht auf Marseille und das Meer; rechts in der Tiefe tritt
von Rosengebüschen umgeben und von Weinreben umrankt ein Theil
des alterthümlichen, Villa ähnlichen Wohngebäudes in die Bühne
hervor.

Erste Scene.

Im Vordergrunde links sitzt Ombrone an einem in die
Bühne hervortretenden Gebüsch auf einer Rasenbank;
später Lupo.

Ombrone.

Ein prächtiger Anblick auf Marseille und das Meer,
und dabei so angenehmer Sonnenschein und so milde
Luft! Hübsch, sehr hübsch! — In der That, mir ist seit
Jahren nicht so behaglich gewesen als jetzt, und seit ich
Aussicht habe, mit Sampiero abrechnen zu können, ge=
lingt es mir allmählich, an meinen erschlagenen Oheim,
an meinen ermordeten Vetter ohne Herzkrampf und heim=

liches Zähneknirschen zu denken. Es sind meine Verwandte und ich muß sie rächen, aber im Grunde waren es dumme Teufel, wie die Corsen alle; gleich in der Höhe, drauf und dran, und mit den Fäusten dreinge schlagen, als heiße morden schon sich rächen. Nun sie haben ihre Thorheit bezahlt; mir aber hat meine Schlauheit besser gerathen. Vanina steht mit Genua in Briefwechsel; habe ich sie erst nach jener Stadt gelockt, so sollen jene Briefe sie ihrem Gatten, ihn seinen Freunden verdächtig machen; so zerstöre ich seine Pläne, beflecke seine Ehre, vergifte seine Lebensfreuden, Stück für Stück, und das Schlimme dabei ist nur, daß, wenn ich ihn dann irgend einmal niederstoße, ihm der Tod wie eine Wohlthat vorkommen wird. Wenn nur der Tollkopf Sampiero nicht mittlerweile irgendwo in einem Raufhandel erstochen wird, oder — San Martino, wenn er bei einem Sturme ertränke — mir steht das Herz still. — Erstechen — ertrinken — (Auf die Knie sinkend:) Santa Maddalena di Campocasso, San Colombano, San Simone, und ihr andern alle meine Gönner und Patrone laßt ihn nicht ertrinken, den Hals brechen, erstochen werden, oder sonst ums Leben kommen — (Aufspringend.) Bei allen Legionen der höllischen Geister, es ist keine Gerechtigkeit im Himmel, wenn er um's Leben kommt! — Zehntausend Millionen Teufel, ich muß sein Blut haben, ich allein —

Lupo

(der, während sich Ombrone auf die Knie warf, aus dem Gebüsch hervorgetreten, ihn am Arme fassend.)

Seyd ihr toll geworden? Kommt zur Besinnung!

Ombrone.

Nein, nein, er wird leben! Ein Schiff von Silber gelobe ich nach Campocasso — eine Pilgerfahrt nach Loretto —

Lupo

(ihn schüttelnd).

Kommt zu euch, sage ich —

Ombrone

(aufblickend).

Wie, ihr seyd es, Lupo? Ihr hier am hellen Tage; fort sag' ich, wenn man euch gewahrte —

Lupo.

Still doch, still — ich bringe Nachrichten von Genua.

Ombrone.

Nachrichten? Welche Nachrichten? Laßt denn hören, aber schnell, nur schnell!

Lupo.

Erfahrt vor allem, daß Sampiero — ihr wißt, daß er durch den Tod des Königs von Navarra in seiner Hoffnung auf dessen Beistand getäuscht, sich in Barcelona nach der Levante einschiffte, um die Hilfe der Pforte anzusuchen —

Ombrone.

Alte Geschichten; weiter, weiter —

Lupo.

Die Pforte hat seiner Zumuthung aber kein Gehör gegeben; er soll sich nun an den Dey von Algier gewendet haben!

Ombrone.

Gut, sehr gut, vortreffliche Nachrichten!

Lupo.

Es fehlt auch nicht an schlimmen — die Republik ist mit euren Diensten unzufrieden. —

Ombrone.

Ei, das wäre —

Lupo.

Sie läßt euch erinnern, wie ihr zuerst Genua aufgefordert sich an Vanina zu wenden, die, den Unterneh=

mungen ihres Gemahls abhold, lleicht nach Genua zu
locken sein würde, um dort als Geisel und Unterpfand
für Sampiero zu dienen, und wie dennoch von drei
Briefen der Republik der eine uneröffnet zurückgekommen,
die andern mit schnöder Weigerung erwidert worden
wären —

Ombrone.

Laßt nur Zeit, gute Dinge brauchen Weile.

Lupo.

Die Republik läßt euch erinnern, wie sie euch mit
Geld im Ueberflusse versehen, ja sogar eines ihrer
Schiffe nach Marseille gesendet, und zu eurer Verfügung
gestellt habe; dennoch sey euer Unternehmen nicht fort-
geschritten; ihr hättet vielmehr noch weiters verlangt,
die Republik solle in einem neuerlichen Schreiben an
Vanina Sampiero'n und seinen Söhnen die erbliche
Statthalterschaft Corsica's zusichern, wenn Vanina —

Ombrone.

Ja, das verlangte ich, und hat sie das Schreiben
ausgefertigt?

Lupo.

Soeben empfing ich es, zugleich aber auch den Auftrag, euch im Namen der Republik zu erklären —

Ombrone.

Stille, horch) —

Lupo.

Daß sie jedenfalls zum letzten Male —

Ombrone.

Schritte, sie kommen näher — fort; hier in's Gebüsch, wo es am dichtesten, fort!

(Er zieht Lupo in's Gebüsch hinter der Rasenbank.)

Zweite Scene.

Ombrone und Lupo im Gebüsche verborgen. An=
tonio da San Fiorenzo, Leonello da Bozzi
und Marco Abati treten links im Hintergrund auf.

Marco.

Wie gesagt, ich kam Vanina zu melden, daß ich
noch heute Abends nach Paris abreise, und daß ich be=
reit sey, ihre Kinder nach dem Wunsche Piero Strozzi's
dahin mitzunehmen — doch nun überhebt mich eure
willkommene Dazwischenkunft dieses —

Antonio.

Dieses unangenehmen Geschäftes, wollt ihr sagen,
und darin habt ihr Recht! — Weiß Gott, es ist ein
unangenehmes Geschäft einem thörichten Weibe Ver=
nunft zu predigen!

Marco.

Wie, so will Vanina noch immer nicht begreifen,
welchen Vortheil es ihr, ihren Kindern, uns Allen
bringt, wenn Strozzi die Söhne Sampiero's in seinen
Schutz nimmt, sie als Pagen des Königs an den Hof
bringt? — Sie weigert sich —

Antonio.

Nicht anders als ob die Kinder aus der Welt gehen, als ob sie zur Schlachtbank geführt werden sollten!

Marco.

Und wenn nun ihre Weigerung den einflußreichen Mann verletzte, wenn die Sache Corsica's, die so sehr seines Schutzes, seiner Fürsprache bedarf, darunter litte?

Leonello.

Und ihr duldet es, Antonio? Eurer Obhut empfahl sie Sampiero, und ihr braucht nicht euer Ansehen? Ihr bringt nicht in sie —

Antonio.

Laßt das meine Sorge sein, Leonello! — Sie soll sich zum Ziele legen, verlaßt euch darauf; sie soll für Corsica dies Opfer bringen —

Leonello.

Für Corsica sagt ihr? Sie wird thun, was Gewalt ihr abtrotzt, aber für Corsica! — Was ist ihr Corsica? — Nichts, weniger als nichts! — Zuckt sie doch, wenn nur sein Name genannt wird, zusammen, als wär' es der Name ihres Todfeindes! Redet, Marco, ist's nicht so?

Marco.

So ist es! Wenn uns Nachrichten aus der Heimat herüber kommen, so hört sie kaum darauf hin, oder blickt wohl gar unmuthig zum Himmel auf, als wollte sie ihm klagen, daß sie noch immer von Corsica hören müsse!

Leonello.

Ja, so pflegt sie zu thun! Sie hat kein Herz für Corsica; sie verwindet es nicht, die Liebe Sampiero's mit seinem Vaterlande theilen zu müssen; ja ich glaube, sie haßt diese ihre begünstigte Nebenbuhlerin, wie sie es nennt! Und möchte sie es hassen, aber ihre tolle Eifer=sucht scheint weiter gehen zu wollen, scheint —

Antonio.

Sachte, sachte, ihr Herren! Vanina ist eben ein Weib, voll Thorheit, Schwäche und Laune, wie alle an=dern, und uns, Sampiero's Freunden, steht es übel an, über seine Gemahlin auf den Anschein hin so hart abzu=urtheilen!

Marco.

Sampiero's Gemahlin, Sampiero's heißgeliebte Ge=mahlin, und ein Weib, wie alle andern! — Ihr verur=theilt sie, Antonio, indem ihr sie entschuldigt! — Doch

genug. — Ich habe noch Vorbereitungen zu meiner Ab=
reise zu treffen. Da mein Weg ohnedies hier vorüber=
führt, so will ich heut' Abend noch einmal vorsprechen
und sehen, wie weit ihr Vanina gebracht!

Antonio.

Mein Wort zum Pfand, ich will sie derb genug an=
lassen! Euch aber alles Glück zu eurer Reise; nützt eure
Verbindungen, spart nicht Gold noch gute Worte, daß
Frankreich endlich wieder Corsica's gedenke — Doch wozu
Abschied nehmen, wir sehen uns ja noch heute Abend —

Marco.

So hoffe ich, und so lebt wohl einstweilen!
(Er geht links im Hintergrunde ab).

Antonio.

Lebt wohl und jetzt kommt, Leonello, laßt uns bei
Vanina unser Glück versuchen!

Leonello.

Nicht so; ich kam mit dem Alten und will ihn auch
wieder heim geleiten — nur daß ich euch noch ein Wort
im Vertrauen zu sagen habe. Wir sind allein, denke ich —

Antonio.

Ei, was habt ihr, was soll es?

Leonello

(sich mit Antonio dem Gebüsche nähernd, in dem sich früher Ombrone und Lupo verborgen).

Habt ihr Nachrichten von Sampiero?

Antonio.

Seit er sich zu Barcelona nach der Levante einschiffte, keine!

Leonello.

Ihr seyd ein Ehrenmann, Antonio, das weiß ich, und ich hoffe, Sampiero ist es auch.

Antonio.

Wie, ihr zweifelt doch nicht daran?

Leonello.

Es steht nicht Alles, wie es stehen sollte! Es liegt hier ein Schiff im Hafen, eine genuesische Galeere als Kauffarteischiff aufgetakelt —

Antonio.

Genua läßt unser Treiben beobachten, ich weiß es.

Leonello.

Wißt ihr aber auch, daß man schon mehrmals Bernardo, Vanina's Kammerdiener, hier in den Umgebungen des Hauses mit Matrosen jenes Schiffes im Gespräche getroffen haben will; wißt ihr, daß ich selbst gestern

Abends Ombrone, den Geheimschreiber Sampiero's, den Vertrauten Vanina's, sich mit dem Capitän jenes Kauffahrers in der Nähe des Hafens herumtreiben sah —

Antonio.

Ei, was ihr sagt, ihr denkt doch nicht —

Leonello.

Ich denke, daß ihr ein Ehrenmann seyd, Antonio, und ich hoffe zu Gott, Sampiero ist es auch; Vanina aber haßt Corsica und er liebt sie! — Habt also die Augen offen und bringt die Dinge in Richtigkeit, ehe wir auf unsere Weise Ordnung machen; denn Corsica über Alles ist die Losung, und somit Gott befohlen.

(Links im Hintergrunde ab.)

Antonio
(ihm nachblickend.)

Die Augen offen haben, wackerer Leonello? Als ob Calvese nicht auf Corsica schon Vanina des Briefwechsels mit Genua angeklagt und mir längst die Augen geöffnet hätte, als noch sorgloses Vertrauen die deinen geschlossen hielt! Und Ordnung machen? Auch dafür ist gesorgt! Calvese, den ich gegen Jedermann schweigen und, Sampiero begleitend, seine Schritte beobachten hieß, Calvese wird uns sagen, ab Vanina auf eigene Faust Verrätherei treibt, oder ob auch Sampiero die Hand mit im Spiele hat? Wenn das wäre, dann freilich — Aber es ist nicht, es kann nicht seyn! Nur mit der Thorheit eines Weibes haben wir es zu thun, und unsere Wachsamkeit soll ihre Schlauheit beschämen! — Doch jetzt der Kinder wegen zu Vanina!

(Geht gegen das Haus zu rechts im Hintergrunde ab; nach einer Pause treten Ombrone und Lupo aus dem Gebüsche.)

Lupo.

Alles ist verloren! Unsere Anschläge sind verrathen! Wo bleiben nun eure Verheißungen, eure geträumten Erfolge —

Ombrone.

Ruhig, ruhig! Es steht schlimm genug, aber Eins freut mich doch!

Lupo.

Ihr freut euch? Wie, begreift ihr nicht, daß der Argwohn dieser Corsen euch bewachen, ihr Mißtrauen Vanina auf jedem Schritte begleiten wird?

Ombrone.

Richtig, ihr Mißtrauen wird sie begleiten, aber Sampiero mit; und das — das freut mich —

Lupo.

Ob die erlauchte Republik auch so erfreut seyn wird,

wenn ihr mit leerem Säckel und unverrichteter Dinge in Genua ankommt? Denn ihr denkt doch nicht etwa hier zu bleiben? Was meint ihr, redet!

Ombrone.

Still, still! Stört mich nicht in meinen Gedanken! — Was geschehen soll, muß rasch geschehen! — Gold verlockt sie nicht, aber Ehrgeiz — Wer weiß? — Wo habt ihr das Schreiben der Republik an Vanina?

Lupo.

Hier ist es, aber was soll, was kann es jetzt noch frommen?

Ombrone.

Still, sag' ich, still! — (Die Aufschrift des Schreibens besehend.) Ich hoffe, es ist nach meiner Angabe abgefaßt! — Wirkt aber der Ehrgeiz nicht? — Hm, so wirkt vielleicht die Furcht! — Das ist's — Jetzt habe ich's —

Lupo.

Was sinnt ihr? Doch nicht auf Gewalt! Genua nähme nichts weniger als unsere Köpfe für eine Gewaltthat, auf französischem Boden verübt!

Ombrone
(halblaut für sich).

Dummer Teufel, als ob ich sonst nicht schon längst

— (Laut.) Kein Säumen mehr! — Ihr müßt zu Schiffe und euch fertig machen, noch heute unter Segel zu gehen. Das Boot soll uns in einer Stunde am Weidenbach erwarten —

Lupo.

Was habt ihr vor? Bedenkt die Verantwortung —

Ombrone.

Die Verantwortung ist mein. Zieht die letzte Schraube, wie sie soll, so hab' ich sie fest. Thut wie ich euch sagte, und kommt nun, ich will euch dort zum Pförtchen hinausschaffen! Fort, sag' ich, fort! —

(Sie gehen links im Vordergrunde ab.)

Dritte Scene.

Vanina und Antonio treten rechts im Hintergrunde auf.

Vanina
(einige Schritte voraus).

Ich will nichts mehr davon hören! Von etwas And'rem! Laßt es genug sein, Antonio!

Antonio.

Bedenkt, daß Sampiero und Strozzi vertraute Freunde sind, daß überdies eure Knaben in das Alter treten, in dem es ihnen vor Allem Noth thut, unter Männern zu lernen, wie man ein Mann wird, und so fordert denn auch das Gedeihen, die Wohlfahrt eurer Kinder —

Vanina.

Die Wohlfahrt meiner Kinder? — Und die meint ihr mir an's Herz legen zu müssen? Ihr wagt das Gedeihen meiner Kinder vorzuschützen, wenn ihr — Genug, ich bin aufgeregt, verstimmt. — Ihr kennt meinen Entschluß, und so — habt guten Abend —

(Will gehen.)

Antonio
(ihr in den Weg tretend).

Nicht so Vanina; es muß endlich zur Entscheidung kommen! Bleibt und hört mich! Ihr müßt mich hören!

Vanina.

Ich muß euch hören! — Daß ich mich doch an das Wort in eurem Munde nicht gewöhnen kann! Aber da ich muß, wohlan, so sprecht, ich höre —

Antonio.

Ihr führt spitze Redensarten, aber ihr habt es mit Männern zu thun, die euer vornehm kaltes Wesen nicht einschüchtert, mit Männern, die ihre Pflicht gethan haben, und ein Gleiches von Andern fordern dürfen, und wir fordern es von euch! — Ihr müßt eure Kinder nach Paris senden; denn wenn Strozzi sie dahin beruft, wenn er sie als Pagen an den Hof zu bringen gedenkt, so geschieht es, um durch ihren Anblick den König täglich an die Verdienste ihres Vaters, an das Elend ihrer Heimat zu erinnern, ihn zu mahnen, daß er endlich den Beistand gewähre, um den Corsica ihn anfleht. Und eure Weigerung sollte diese Pläne zerstören, Strozzi's Wohl wollen uns entfremden? — Ihr könntet — nein, ihr dürft nicht! Die Knaben müssen nach Paris — Entscheidet, entschließt euch! —

Vanina.

Ich habe entschieden, denk' ich, oder muß ich euch wiederholen, eure Pläne sind thöricht, eure Besorgnisse eitel, und nicht Drohungen noch Bitten sollen mir meine Kinder entreißen.

Antonio.

Und wollen wir euch denn von ihnen trennen? Sendet sie getrost voran, ihr sollt ihnen folgen. Laßt uns nur erst zuverlässige Nachrichten von Sampiero's Aufenthalt eingeholt, laßt uns erst seine Zustimmung erhalten haben, euch ziehen zu lassen, die er uns als Bürgschaft seiner Treue, als Unterpfand für Corsica's Befreiung anvertraute, und ihr sollt —

Vanina.

Wie? Bürgschaft — Unterpfand — Sampiero hätte mich euch verpfändet, sagt ihr?

Antonio.

So sagte ich, und wenn ihr meinen Worten mißtrauet —

Vanina.

Genug! — Nicht weiter! — Für Corsica verpfändet! — Ja, der Abgrund verschlang Alles — jedes grüne Blatt, jede Blüthe, den ganzen Schmuck und das ganze

Glück meines Lebens — und nun auch meine Kinder nach=
werfen! — Nicht eine Locke ihres Haares! — Sprecht zu
Sampiero von Corsica! — Mir ist Corsica —

Antonio.

Was haltet ihr inne? Warum fahrt ihr nicht fort
in eurer Lästerung? Besinnt ihr euch wieder, wer ihr
seyd und wessen Namen ihr führt? Wohlan, so gedenket
denn auch, daß die Wege eures Gatten die euren seyn
müssen, daß: Corsica über Alles! Sampiero's Wahlspruch
ist, und so laßt mich euch in Corsica's Namen, im Na=
men Sampiero's ein letztes Mal auffordern, unsere
Wünsche zu erfüllen! Ich habe bereits die nöthigen Be=
fehle gegeben, daß Marco Abati, wenn ihn sein Weg
heute Abend hier vorüberführt, eure Kinder reisefertig
treffe —

Vanina.

Wie, reisefertig, heute? — Ihr hättet —

Antonio.

Ich dachte, ihr wüßtet, daß Marco Abati heute
nach Paris abreist! — Die Gelegenheit ist günstig!
Gebt denn nach, fügt euch in das Unvermeidliche und
erwartet nicht —

Vanina.

Und was sollte ich erwarten? Was hätte Vanina
Ornano in ihrem Hause zu erwarten, doch nicht Miß-
handlungen, doch nicht Gewaltthat? Vergeßt ihr, daß
meine Brüder unfern von hier zu Aix in Garnison liegen? Vergeßt ihr, daß auf Frankreichs Boden Frankreichs Gesetze mich beschirmen? Die Kinder bleiben, und
wenn ihr — Genug der Worte — Laßt mich den Rest
in eins zusammenfassen: — Geht!

Antonio.

Gehen heißt ihr mich? Wohlan, ich gehe! — Nur
noch eins vernehmt. Unseren Rathschlägen, unseren Bitten
habt ihr Drohungen entgegengesetzt. Seht euch vor!
Gegen unsere Anklagen, gegen unsern gerechten Zorn,
wenn ihr ihn jemals verdientet, möchtet ihr damit nicht
ausreichen! Corsica's Vortheil zu bedenken, können wir
euch nicht zwingen, aber stünde auch ganz Frankreich an
eurer Seite, und deckte euch Spanien den Rücken, und
lägen statt jenes einen Schiffes zehn genuesische Galeeren dort im Hafen; Corsica vor Gefahr, vor Verrath
zu bewahren, Corsica zu schützen und zu rächen, das
würde nicht Frankreich, nicht eure Brüder, nicht euer
Gatte, das würde Gott selbst uns nicht wehren!
(Geht rechts im Hintergrund ab.)

Vanina

(in heftiger Bewegung auf- und niedergehend).

Er ist fort; ich athme, ich lebe wieder! Wie ich ihn hasse, diesen Antonio! — Wie ich sie alle hasse, diese finstern, rohen Gesellen, denen Sampiero mein Leben, meine Freiheit verpfändete, wie sie mich verfolgen und mißhandeln! — Und wenn sie nun erst von meinem Vorhaben erführen, und sie haben schon Kunde, sie sind schon auf der Spur, und dazu der Zorn Sampiero's, der im Hintergrunde wie eine ferne dunkle Wolke vor mir aufsteigt — (Nach einer Pause.) Ich will mich mit meinen Brüdern berathen! — Gebe nur Gott, daß mich meine Wächter morgen zu Antibes, wie wir verabredet, mit ihnen zusammentreffen lassen, denn nur sie können mir rathen, mich beschirmen! — Und wenn sie es nun nicht könnten, nicht dürften? Wenn er Recht hätte, dieser Antonio, wenn Sampiero's Wege die meinen seyn müßten, wenn ich, seine Gattin, nur das Recht hätte sein Schicksal zu theilen, nicht vermessen eigenmächtig seine Pläne zu durchkreuzen? — Wenn es so wäre — Wie, und ich hätte kein Recht, die seyn zu wollen, die ich eben bin, Sampiero auf meine Weise zu lieben, den Vater meiner Kinder vom Abgrund zurückzureißen, wär's auch wider seinen Willen? — Nein, mögen sie warnen, mögen sie drohen! Ich will muthig auf meinem Weg fortschreiten; Genua wird endlich gewähren, was ich Sampiero anbieten darf, ich werde ihn retten! Gott ist mit mir, und mein gutes Recht wird siegen!

Vierte Scene.

Vanina. Ombrone tritt hastig im Hintergrund links auf.

Vanina.

Ihr seyd es, Ombrone; so hastig, so athemlos! Was habt ihr? Redet!

Ombrone.

Seyd ihr allein, Eccellenza? Ich komme vom Hafen, (flüsternd) vom Schiffe des Genueser Kaufmanns, wie er genannt sein will. Soeben ist eine Tartane von Genua angelangt, mit Briefen, mit höchst wichtigen Briefen —

Vanina.

Und was enthalten sie? Redet, was enthalten diese Briefe?

Ombrone.

Hier, Eccellenza, hier seht es selbst —

(Er reicht ihr das früher von Lupo erhaltene Schreiben).

Vanina.

Du gibst mir, was ich erwartet, und doch bebe ich, indem ich es empfange. Es ist die Entscheidung meines Schicksals, der Abschluß meiner Rechnung, den ich in den Händen halte! — Wie mir das Herz schlägt! — Wenn sie mir wieder Gold, zum dritten Mal schnödes Gold anböten, wenn sie's falsch meinten, wenn sie — Nein, besser das Schlimmste schauen, als es fürchten —

(Sie öffnet rasch den Brief.)

Ombrone
(für sich).

Wenn sie das Schreiben nur nach meiner Angabe abgefaßt haben!

Vanina
(lesend).

„Vertrauen verdienen und gewähren" — „Sam piero und seine Nachkommen" — „die erbliche Statthalterschaft in Corsica" — O, ewige Vorsicht! Da steht es, es ist wahr, es ist wirklich — (in heftiger Bewegung die Arme über die Brust gekreuzt auf- und niedergehend). Sampiero und seine Nachkommen, Statthalter in Corsica! — Ja,

das war es, was mir vorschwebte, das ist der ehrenhafte
Frieden, der unblutige Sieg, den ich meinte! Das ist
der Platz, der Sampiero angeboten werden, den er an=
nehmen darf oder keiner! Nun mag er Corsica wahrhaft
befreien, von seinen schlimmsten Feinden, von Rohheit,
Unwissenheit, Zwietracht es befreien für alle Zeiten, nun
mag er über seine Heimat jene glücklichen Tage herauf=
führen, von denen er träumte — O, Dank aus über=
fluthendem Herzen, Dank gütiger Himmel! —

Ombrone

(für sich).

Wirkt es? Geht es dir ein, das süße Gift?

Vanina.

Was er sagen, wie er mich anblicken, wie er lächeln
wird? Nun werden die Tage kommen, wo sein Schwert
in irgend einer Ecke rostet, wo Tauben nisten in seinem
Helme! — Da steht es! — Da hab' ich es geschrieben
und besiegelt — O, gesegnete Worte — (Wieder in den Brief
blickend.) Wie, seh' ich recht? Täuscht mich nicht mein
Auge — (Lesend.) „Unter der Bedingung, daß Vanina
als Geisel sich nach Genua begebe, und Sampiero vor=
erst seine Genossen, die übrigen Häupter der Rebellen,
in unsere Hände liefere" —

Ombrone
(für sich).

Tod und Teufel, das stand nicht in meinem Entwurfe!

Vanina.

Wie, die Frucht so schön, und doch wurmstichig? — Blumen und die Natter darunter! — Mich nach Genua begeben, das möchte hingehen — aber Sampiero seine Freunde ausliefern, seine Genossen — Das thut er nicht, und das soll er auch nicht thun!
(Sie läßt das Schreiben aus ihren Händen auf den Boden gleiten.)

Ombrone
(für sich).

Zehntausend Millionen Teufel! Jetzt List und Kühnheit, oder Alles ist verloren!

Vanina.

Wer Verrath fordert, will selbst verrathen! — O, es liegt klar am Tage! Sampiero soll ihnen seine Freunde an's Messer liefern, mich wollen sie nach Genua locken, und dann den Entwaffneten, den Gebundenen verhöhnen, beschimpfen, verachten! — Ja, das ist es, und damit ist Alles gesagt und Alles vorüber!

Ombrone.

Belieben Excellenza denn doch zu bedenken —

Vanina.

Weißt du's, Ombrone? Sie sind falsch, sie wollen Sampiero zum Verräther, zum Schelm, zum Mörder an seinen Freunden wollen sie ihn machen, die Verworfenen! Und nun nichts mehr von Genua — Nimm dort das Blatt auf, antworte ihnen — oder nein, antworte ihnen nicht! Laß uns schweigen und sie verachten! —

Ombrone
(der indeß den Brief aufgehoben).

Ihr habt nicht zu Ende gelesen, Excellenza! Hier ist noch eine Nachschrift, und sie lautet: (Lesend). „Wird aber dies Ultimatum nicht angenommen, findet sich Vanina Ornano nicht ungesäumt in Genua ein, so will die erlauchte Republik keinen ferneren Unterhandlungen mehr Raum geben, sondern das Aeußerste aufbieten, sich um jeden Preis Gehorsam und Frieden zu schaffen — " Es sind inhaltsschwere Worte — Erwägt, was ihr beschließt; bedenkt, sie wollen das Aeußerste aufbieten —

Vanina.

Mögen sie! — Nichts mehr von Genua!

Ombrone
(mit dem Ausdruck der höchsten Angst).

Ich kann nicht länger schweigen! (Sich auf die Knie wer=

fend.) Um Gottes und aller Heiligen Willen, ihr müßt, ihr müßt nach Genua —

Vanina.

Mir stockt das Blut in den Adern — Was hast du? Steh' auf und rede!

Ombrone.

So erfahrt denn, sie wollen — wenn ihr euch nicht gleich zu Genua einfindet — sie wollen — seyd gefaßt, das Schrecklichste zu hören — sie wollen gegen Sampiero Mörder aussenden —

Vanina.

Mörder! — Das reiche königliche Genua Mörder gegen den Einzelnen, Flüchtigen, Verbannten! Nein, du lügst, es ist nicht, kann nicht seyn —

Ombrone.

Ich habe es gelesen, dort auf dem Schiff mit diesen meinen Augen gelesen! Die kaum angelangte Tartane soll sogleich mit der Nachricht zurück, ob ihr kommt oder nicht, damit die Zeit nicht verloren gehe, wie sie sagen —

Vanina.

Unerhört, entsetzlich! — Und räthst du mir — und was wäre denn auch zu rathen, wenn Sampiero in Gefahr ist,

als ihn zu retten! — Aber er ist nicht in Gefahr, er ist
fern —

Ombrone.

Sie werden ihn finden — Meer und Land sind
ihnen dienstbar! — Und er, der arme Herr — Bedenkt,
daß seine Unterhandlungen mit der Pforte sich zerschlagen haben, daß er nun flüchtig auf dem Meere hin und
herirrt und da und dort Hilfe suchend anpocht! — Und
wenn ihn nun die Dolche Genua's erreichen, am fernen
einsamen Strand ihn hinstrecken, wenn sein edles Blut
ungestillt hinströmt —

Vanina.

Halt' ein! Kein Wort mehr! — Jeder Pulsschlag
meines Herzens ist Entsetzen! — Kein Säumen mehr,
ich will — Und doch — wenn auch dies nur List wäre,
wenn auch du falsch wärest, Ombrone, wenn sie dich gedungen hätten, mich nach Genua zu locken, und es ist
so, sie haben dich dazu gedungen — Gestehe es nur,
rede, nimm diese Angst von meiner Seele und ich will
dir vergeben —

Ombrone.

Hier stehe ich! Zerschmett're mich der Himmel mit
seinen Blitzen, öffne sich die Erde und verschlinge mich,

nehme der Henker meinen Leib und Satan meine Seele, wenn nur ein Gedanke, eine Regung meines Herzens ein anderes Ziel sucht, als den Vortheil meines gnädigen Herrn, wenn ein Schmerz ist, den ich nicht für ihn ertrüge, eine Gefahr, der ich für ihn mich nicht blosstellte —

Vanina.

Und ich — glaubst du etwa, es wäre ein Tropfen in meinem Herzen, den ich nicht mit Freuden für ihn vergösse? — Nehme Genua sein Opfer, doch er soll leben! — Hinweg, besorge, was nöthig ist! Ich will noch heute zu Schiffe, noch in dieser Stunde —

Ombrone.

Ihr wolltet, ihr wäret entschlossen — Seht, jetzt bangt mir selbst — Jetzt möchte ich euch fast abreden — Mindestens wäre es gut, wenn ihr bedächtet —

Vanina.

Fort, sage ich — Eile

Ombrone.

So thue ich! (Für sich.) Sie ist unser! — Nun, wie gefällt euch das, ihr unten in der Erde, Vetter und Oheim? —

(Geht rechts im Hintergrunde ab.)

Vanina
(heftig bewegt auf- und niedergehend).

Der Boden brennt mir unter den Füßen! — Zu Schiff, nach Genua! (Innehaltend.) Nach Genua? — Welcher Schauder durchzuckt meine Seele? — Es ist ein entscheidender Schritt, den ich wage! Wenn sie meinen Gründen, meinen Bitten kein Gehör gäben, wenn sie mich festhielten, um Sampiero zu zwingen, seine Freunde zu verrathen! — Sein Leben aber, das bedroht ist, wenn ich bleibe — Und Niemand, der mir rathen, dem ich vertrauen könnte! — O, meine Brüder! Daß ich euch hier hätte, heute euch hier hätte! Daß ich euch längst vertraut hätte, was ich euch morgen zu Antibes mittheilen wollte! — O, Pfad der Lüge und des Geheimnisses, den ich wahnbethört betreten, du führst mich in ein Irrgewinde von Zweifel und Gefahren, aus dem kein Ausweg, keine Rettung ist, als mich beherzt in den Wirbel der gährenden Wogen zu stürzen, erwartend, ob diese mich verschlinge, jene mich rettend an's Ufer trage! — Hinweg denn, weibisches Zagen! Es gilt sein Leben, was liegt an meinem? Zu Schiffe, nach Genua! — Doch, wer kömmt da?

Fünfte Scene.

Vanina; Marco Abati tritt links im Hintergrunde
auf; später Antonio mit den Kindern Vanina's und
Ombrone.

Marco.

Ich bin es, Vanina; Antonio wird euch gesagt
haben, daß ich heute noch meine Reise antrete, und so
komme ich, wenn es euch genehm ist, eure Kinder nach
Paris mitzunehmen.

Vanina.

Meine Kinder — Ja, Antonio sagte mir — Meine
Kinder — (Für sich). Wie eine große Sorge über die min=
dern wegschreitet und wie eine Minute später oft zur
Wohlthat wird, was kaum noch Qual schien! — Meine
Kinder mit mir nach Genua nehmen? — Nein, besser zu
Fremden mit ihnen als zu Feinden! (Laut). Wo ist Antonio?

Marco.

Hier kommt er eben mit den Knaben —

Antonio
(der während dieser Worte, die Kinder an der Hand, im Hintergrund
rechts aufgetreten ist).

Es ist Zeit, Vanina, uns eure letzte Entschließung

kund zu geben! — Das Gepäck liegt bereit, die Sänfte steht vor der Thüre, wollt ihr nun euere Kinder diesem würdigen Manne anvertrauen, oder beharrt ihr —

Vanina.

Der Himmel will's nicht anders! Nehmt sie hin!

Antonio.

So plötzlich — sonderbar! — Doch, gleichviel! Eilt denn, Abschied von ihnen zu nehmen, ehe die gute Stunde verrinnt und euer Muth euch verläßt!

Francesco
(zu Vanina hineilend).

Ich will nicht fort, Mutter; ich will bei dir bleiben!

Alfons
(eben so).

Wenn wir fort sollen, so mußt du mitgehen, Mutter!

Vanina
(zwischen beide hinkniend).

O meine Kinder, meine geliebten Kinder! Ich darf nicht mit euch gehen, und ihr müßt fort! Ihr müßt, sag' ich, und so geht denn, meine Kinder! Sey getrost, Al= fons, fürchte dich nicht, mein Francesco; es wird euch dort besser gefallen, als ihr meint; ihr werdet die Waffen führen lernen, ihr werdet Gespielen finden, und so wer= det ihr fröhlich wachsen, gedeihen, blühen und Früchte

tragen, und wenn ich euch wiedersehe — Werde ich euch
wiedersehen? — Werde ich euch je wieder in diesen Ar
men halten wie jetzt? — Den Vater entbehrt ihr; sollt
ihr nun auch noch die Mutter missen? — O, daß ich euch
immer so hielte, daß ihr eins mit mir wäret, mit mir
lebtet, mit mir stürbet! O, daß ich euch nie geboren
hätte, wenn ich euch jetzt verlieren und nie mehr, nie
mehr wiedersehen soll! —

Francesco.

Mutter! Mutter!

Alfons.

Ich will nicht fort; ich will nicht allein zu den
fremden Leuten!

Vanina.

Nein, seyd ruhig, meine Kinder! Weinet nicht, ich
will auch nicht weinen! Oder ja, weint nur, weint,
und bewahrt im Schmerze dieser Stunde das Gedächtniß
eurer Mutter; gedenkt, in späten Jahren gedenkt noch,
wie sie scheidend euch herzte und küßte, wie sie weinend
euch jagte, nur um euch den Vater zu erhalten, scheide
sie von euch! — Und so seyd gesegnet aus der Fülle
meiner Liebe, und so geht nun, geht! — Nein, kommt
noch einmal an mein Herz, laßt euch noch einmal küssen,
tausendmal küssen — (Mit erstickter Stimme.) Lebt wohl,

lebt wohl — und sollte ich euch lange, sollte ich euch

nie mehr wiedersehen, so betet für mich und liebt mich —

gedenkt meiner Worte, gedenkt — gedenkt —

(Sie rafft sich plötzlich auf, winkt, daß man die Kinder entferne, und
tritt, ihr Antlitz verhüllend, in den Vordergrund der Bühne, während
Antonio und Marco die weinenden Kinder eilig wegführend rechts
im Vordergrunde abgehen.)

Ombrone

(der während der letzten Rede im Vordergrunde rechts aufgetreten ist,
nach einer Pause, für sich).

Die sind mir entgangen, aber die Mutter bleibt

mir! (Sich Vanina nähernd.) Eccellenza, Alles ist bereit!

Vanina.

Und ich bin fertig! (Sie wendet sich gegen den Hintergrund,

innehaltend.) Wie die Abendröthe ihren Purpur über die

Landschaft ausbreitet, wie das Meer funkelt und flammt

in ihrem glühenden Strahl, wie die Abendglocken von

fern wehmüthig grüßend herüber tönen! — Mir ist, als

ob Alles von mir Abschied nähme, der Tag, die Natur,

das Leben! — Der Wanderer eilt, die Herberge zu er=

reichen, der Vogel fliegt seinem Neste zu, Alles sucht

den Weg zur Heimat, zu den Seinen, und meiner —

mein Weg — (Sich bezwingend mit ruhiger Entschlossenheit.) Zu

Schiff, Ombrone, nach Genua!

(Während beide dem Hintergrund zuschreiten, fällt der Vorhang.)

———— ·◇·◇·· ————

6*

Dritter Akt.

Hafen von Marseille. Im Hintergrund eine Brustwehr von Quader=
steinen, über welche die Spitzen von Masten und Segelstangen aus
der Tiefe emporragen; weiter hinaus die Aussicht auf das Meer
und einen Theil von Marseille. Im Vordergrunde rechts ein um=
gestülpter Nachen, Fischernetze, zusammengerolltes Tauwerk übereinander hingeworfen. Nacht; umwölkter Himmel; Mondlicht, bald hell,
bald verdüstert.

Erste Scene.

Sampiero, Florio, Calvese treten links im Hin=
tergrunde auf.

Sampiero.

Wie gesagt, vor Tagesanbruch lichten wir die
Anker; denn galt es nicht, Waffen und Kriegsvorrath, die
wir mit uns führen, den Zufällen fernerer Meerfahrt zu
entziehen, ich wäre zu Marseille gar nicht an's Land ge=
stiegen.

Calvese.

Vor Tagesanbruch sagst du?

Sampiero.

Der Wind ist günstig und muß benützt werden. Ich will nach Livorno und von da zu Land nach Florenz und Rom.

Florio.

Du kommst heute von Algier; du hast drei Nächte über deinen Plänen gewacht, über deinen Sorgen gebrütet; je mehr du vor hast, um so nöthiger wäre dir, einige Tage in der Heimat zu rasten.

Sampiero.

In der Heimat? Sampiero's Heimat heißt Corsica!

Calvese

(für sich).

Antonio hatte Recht! Mag Vanina mit Genua Briefe wechseln; Sampiero ist treu! Corsica's Freiheit ist der Gedanke seines Lebens, und er verkörpert ihn oder keiner!

Florio.

So lange wirst du doch hier verweilen, um die Deinen wiederzusehen, dein Weib zu umarmen, deine Kinder zu segnen! Deine Bastide liegt nahe —

Sampiero.

Nicht so nahe, daß nicht der Morgen graute, ehe

ich hin und wieder zurück käme, und wir müssen vor Tagesanbruch Marseille im Rücken haben.

Florio.

Wie, du wolltest —

Sampiero.

Antonio wird mir Nachricht von ihnen geben, und ihnen meine Grüße bringen! Und nun kein Säumen mehr! — Calvese, du kehrst auf das Schiff zurück und siehst zu, daß die Sclaven die Waffen, die wir zu Tunis ankauften, ohne Lärm und Aufsehen an's Land bringen —

Calvese.

Da kommen sie bereits!

(Drei oder vier Mauren in orientalischer Tracht mit länglichen Packen auf den Schultern treten links im Hintergrunde auf.)

Sampiero.

Dort hinaus, ihr Bursche, nur dort hinaus! Und nun an's Werk, Calvese, und laß die Mauren künftighin ihren Weg unten am Strande hin nehmen, wo der Hafen= damm seinen Schatten hinwirft —

Calvese.

Ich will's besorgen. (Für sich.) Er ist treu, und könnte ich's ungeschehen machen, daß ich damals an ihm zweifelte, mit meinem Herzblut wollte ich's bezahlen.

(Er geht links im Hintergrunde ab.)

Sampiero
(im Vordergrund in tiefen Gedanken vor sich hinsprechend).

Waffen in Fülle und keine Hände, sie zu führen! Ja, Waffen, todte Waffen, das war die ganze Ausbeute meiner Fahrt. Ich habe gebettelt da und dort! Ich habe nichts versäumt, habe keine Mühe gespart, aber es gibt Zeiten, die kein Herz haben! — Oder fehlt es mir nur an Glück! Ja, wer Glück hätte, wem die Wege immer breit und eben hinliefen, wer nur groß gedacht zu haben brauchte, um auch schon groß gehandelt zu haben! O, selig sind die Glücklichen!

Florio
(sich nähernd).

General!

Sampiero.

Bist du es, Florio? Was wollte ich — Ganz recht! Eile dort den Burschen nach, bedeute sie des Weges nach dem Hause Antonio's, laß ihn die Waffen in sichere Obhut nehmen, und führe ihn dann zu mir heraus.

Florio.

Und du selbst, Sampiero, willst du nicht der Ruhe pflegen? Du bist erschöpft; ich sah dich taumeln, als du aus dem Boote an's Land stiegest! — Du bedarfst der Ruhe.

Sampiero.

Ja, doch, ja! Ich will mich in irgend einer Ecke auf die Erde hinwerfen; ein treuer Arm als Kissen, als Bettdecke ein gut Gewissen, wie das Soldatensprüchlein agt, mehr braucht es nicht! Und so gehe nur, gehe, die Zeit ist kostbar, eile!

(Florio geht im Hintergrund rechts ab.)

Sampiero

Ruhe — Schlafen — Und da hinaus liegt Corsica, und ächzt unter dem Joche seiner Feinde! Ich wollte, die Nacht wäre vorüber, und mein Geschäft hier abgethan! Es treibt mich, es stachelt mich vorwärts, und wohin wende ich mich, und was ergreife ich? Ich will nach Florenz und von da nach Rom — Ja, ich will auch das versuchen! — Ich will den Muth nicht sinken lassen; ich will der Welt zeigen, was ein Wille vermag, der es ist; was es heißt, ein Ziel fest in's Auge fassen, unverwandt darauf hinsehen, unaufhaltsam darauf zuschreiten; ich will ihr einen Spiegel vorhalten, dieser hohlen, mark losen Zeit, ich will ihr sagen: Sieh', du hast Bücherlasten aufgehäuft, du hast den Wandel der Sterne belauscht, du hast im fernen Meere eine neue Welt entdeckt, du bist gelehrt, du bist reich, du bist mächtig, und dennoch, was bist du? Du bist wurmstichig, wie deine Bücher, kalt und leblos, wie deine Metalle, du bist unkräftig bei all deiner Stärke, unweise bei all' deinem Wissen, denn dir fehlt das Mark der Gesundheit, dir fehlt der Pulsschlag eines großen, erwärmenden Gedankens, wie ich ihn im Herzen trage, dir fehlt der kräftige Wille, die frische That, die fehlen — (Innehaltend.) Wie meine Pulse fliegen, wie mein Blut siedet! — Florio hat Recht, ich bedarf der Ruhe, ich muß Kräfte sammeln zu neuen Anstrengungen! — Und wenn auch diese fruchtlos bleiben? — Dann will ich andere Wege einschlagen, und wieder andere — und ist meine Kraft dahin, weiß ich mir keinen andern Rath mehr, dann, Herr, mein Gott, dann lege ich Corsica's Geschick in deine Hände, du wirst es befreien, und wäre es nicht dein Rathschluß, deine Milde zu zeigen, so wirst du deine Gerechtigkeit walten lassen; bleibt der Retter aus, auf den wir hoffen, der Rächer wird nicht ausbleiben! Nein, er wird es nicht! — Ich weiß es — In fernen grauen Tagen, wenn ein anderes Geschlecht lebt, zu büßen die Sünden der Väter — da sehe ich es kommen, Corsica, da sehe ich es aufsteigen aus deinem Schooße wie ein Meteor, und wie ein Gewitter sehe ich es hin ziehen über den Erdball! — Er ist es, er naht! — Wie Sturmwind fährt er einher, Donner der Schrei seines Grimmes, Blitzstrahl der Blick seines Auges! — Er naht, er naht, der Rächer des Herrn! — Im Blute geht er bis an die Knöchel! Afrika bebt bei dem Klang seines Trittes, Europa ächzt unter dem Druck seiner Sohle! — Wie es stöhnt, wie es wimmert um Erbarmen! Aber vom Himmel schmettert's wie Posaunen: Kein Erbarmen! Ihr hattet keines, ihr findet keines! Gedenkt Corsica's, ihr Völker der Erde, gedenkt seiner Nöthen und eurer Härte! Fühlt, was Knechtschaft ist! Kein Erbarmen — Vergeltung! — Und nun rings Flammen, Europa — die Welt — ein Brand — eine furchtbare Lohe! O, gräßlich — gräßlich! — (Er verbirgt taumelnd sein Gesicht in den Händen; nach einer Pause.) Was war das? Erst Alles hell, und nun Alles so dunkel! — Fieber war es; mir schwindelt — ich kann nicht mehr! — Hier liegt Tauwerk zusammengerollt, hier will ich liegen und schlafen. (Er wirft sich auf das Tauwerk.) Ja, schlafen — doch erst mein Nachtgebet — Du kennst es, Herr, das Nachtgebet des Verbannten — Corsica über Alles!

(Er schläft ein.)

Zweite Scene.

Sampiero schlafend; Andrea Gentili und Battista di Pietra treten rechts im Hintergrunde auf.

Battista.

Glaubt meinem Wort; es ist, wie ich euch sage.

Andrea.

Bruschino d'Orezza wollte Marseille verlassen, sich nach Carthagena zurückziehen —

Battista.

Er hat eine Tartane gemiethet, ihn mit Sack und Pack dahin zu bringen; dort beim Waarenhaus will er von den Freunden Abschied nehmen, und sich noch vor Tagesanbruch einschiffen. Noch mehr; auch Anselmo Crivelli soll morgen Abends eine Reise nach Toulouse antreten, von der er wohl kaum zurückkehren wird.

Andrea.

Bruschino d'Orezza, Anselmo Crivelli! — Dahin also ist es gediehen, zu solchem Zwiespalt in unserer Gemeinschaft, zu solchem Abfall von der Sache Corsica's!

Battista.

Und mußte es nicht dahin kommen? Wer von uns

wollte nicht mit Freuden sein Herzblut für Corsica ver=
gießen, aber vom Verrath sich meuchlings hinwürgen zu
lassen —

Andrea.

Verrath, sagt ihr — Ihr ergeht euch in traurigen
Vermuthungen!

Battista.

Die Umstände sind es, die sie mir aufdringen; der
Mangel aller Nachrichten von Sampiero, diese angebliche
Entführung Vanina's —

Andrea.

Ihr zweifelt an Vanina's Entführung, und Antonio
behauptet doch mit solcher Sicherheit, die Genueser hät=
ten ihr aufgelauert, und mit Gewalt sie auf ihr Schiff
gebracht —

Battista.

Wie aber, Ser Andrea, wenn Antonio uns die
Wahrheit verheimlicht, und eine Verletzung des franzö=
sischen Gebietes nur darum vorgeschützt hätte, um unter
der königlichen Flagge Frankreichs die Flüchtige verfolgen
zu können, wie wenn Vanina freiwillig, wenn sie längst
im Herzen eine Genueserin —

Andrea.

Nein, nein, ihr seht zu schwarz! — Sampiero's Ge=
mahlin —

Battista.

Seine Gemahlin und vielleicht nur sein Werkzeug —
aber horch, dort höre ich, dünkt mich, Bruschino's
Stimme! Es sind die Unsern; kommt, laßt uns zu ihnen
treten!

Andrea.

Auch Sampiero — dann freilich, — aber wo ist
dann noch Treue auf Erden, wenn nicht mehr bei Sam=
piero! —

(Geht mit Battista links im Hintergrunde ab.)

Sampiero
(nach einer Pause plötzlich auffahrend).

Wer ruft mich hier? Was war das? Mir schien es,
man riefe meinen Namen! — Auch von Antonio, von
Vanina war die Rede! — War's nicht Andrea's Stimme?
— Nein, nein, ich träumte, es war nichts! — Wie der
Nachtwind durch die Wipfel der Ulmen flüstert — wie
eintönig die Wellen an's Ufer schlagen! — Es war nichts!
Ich will schlafen — schlafen —

(Er sinkt auf sein Lager zurück.)

Dritte Scene.

Sampiero schlafend; Bruschino d'Orezza, Leonello da Bozzi, Andrea Gentili, Battista di Pietra und andere Verbannte treten links im Hintergrunde auf.

Andrea.

Laßt mindestens erst Antonio zurückkehren, wartet noch einige Tage zu —

Bruschino.

Wenn ihr die Gefahr abwarten und in ihr umkommen wollt, so thut es; ich will zu Schiffe noch in dieser Stunde.

Leonello.

Andrea hat Recht; folgt seinem Rathe! Uebereilt euch nicht, bedenkt, welches Beispiel ihr gebt, und in welchem Lichte ihr dastündet, wenn eure Besorgnisse sich als ungegründet erwiesen.

Bruschino.

Und wer war es, der mir diese Besorgnisse einflößte, als eben ihr? Wer sagte mir, daß ein Schiff Genua's im Hafen liege, wer sprach mir zuerst von Kundschaftern, von Spähern, von Verrath — ja, erwähntet ihr nicht sogar gewisser Papiere —

Battista.

Papiere, sagt ihr —

Andrea.

Und was enthielten sie, diese Papiere?

Leonello.

Tod und Teufel, das sollte unter uns bleiben, war die Abrede.

Bruschino.

Und es wäre unter uns geblieben, aber es gilt, mich zu rechtfertigen vor meinen Freunden; es gilt, sie zu ermahnen, ihr edles Blut, statt es unter den Dolchen von Meuchelmördern oder auf dem Schaffote zu vergießen, für Corsica's Befreiung späteren besseren Tagen aufzusparen.

Leonello.

Schweigt, wollt ihr auch Andere zum Abfall verleiten?

Verschiedene Stimmen.

Nein, redet! Sprecht! Laßt uns eure Meinung hören!

Bruschino.

Ja, meine Freunde, es ist Zeit, die Masken wegzuwerfen, mit denen wir wechselseitig uns so lange hin-
tergingen! Wären unsere Besorgnisse auch eitel, umgarnte
auch nicht Verrath und Hinterlist unsere Schritte, es ist
Zeit, uns endlich zu gestehen, daß die Begeisterung des
Augenblicks uns zu einem aberwitzigen Unternehmen hinriß, daß wir eben so schwach sind, als Genua mächtig,
daß wir Corsica nicht befreien, daß unsere armen Kräfte
nichts gewinnen werden, als nach langem fruchtlosen
Ringen ein frühes Grab —

Sampiero

(der sich während der letzten Rede Bruschino's aufrichtete und allmälig vom Boden erhob, plötzlich rasch hervortretend).

Das lügst du, sage ich, das lügst du in deine
schwarze Seele hinein!

Andrea.

Wer ist der Fremde?

Battista.

Wer wagt es —

Sampiero

(der Bruschino bei der Brust gefaßt hat).

Du lügst, sag' ich! Corsica wird befreit werden; bei
dieser Hand, die deine Kehle zuschnürt, daß ihr giftiger

Hauch nicht mehr die Lüfte verpeste, bei dem Namen Corsica's, den du lästerst und entweihst, es wird befreit werden, oder du sollst mich nennen, was du bist, eine Memme!

Andrea, Battista und die Uebrigen
(die einen Augenblick wie erstarrt dagestanden, ziehend).

Schlagt ihn todt! Nieder mit ihm!

Leonello.

Die Schwerter weg! Es ist Sampiero!

Sampiero
(nach einer Pause).

Ja, es ist Sampiero, der Corsica im Herzen von euch ging, und Corsica im Herzen wieder zu euch zurückkehrt! — Aber du, wer bist du, der wie Espenlaub zittert unter meiner Hand, wer bist du, du zaghaftes Weib, unter muthigen Männern, du Genueser unter Corsen, wer bist du? Hoffe nicht, mir zu entrinnen, denn hättest du tausend Seelen, ich wollte sie dir aus dem Leibe schütteln, bis du Abbitte thust, wie ein armer Sünder, der du bist, im Staube, wohin du gehörst! (Ihn auf die Kniee niederdrückend.) Auf deine Kniee, widerrufe!

Calvese
(links im Hintergrunde außer der Bühne).

Von hieher kam der Lärm; hieher mit den Fackeln!

Vierte Scene.

Die Vorigen, Calvese tritt mit gezogenem Schwerte in Begleitung einiger Matrosen und der maurischen Sklaven Sampiero's, welche Fackeln tragen, im Hintergrunde links hastig auf; später Florio.

Calvese.

Gebt Raum, sag' ich! Was gibt's hier?

Sampiero.

Wie, seh' ich recht? Zeigt mir der Schimmer dieser Fackeln wirklich deine Züge! Bruschino's Züge! — O, steh, auf! Du hast deine Habe, hast zwei hoffnungsvolle Söhne der Sache Corsica's geopfert, und wolltest jetzt an ihr verzagen, und wolltest sie jetzt aufgeben? Nein, nein! Ich glaube es nicht, ich kann's nicht glauben — Ich will mir sagen, als ich zu Marseille an's Land stieg, und mich hinwarf zu schlafen, da träumte ich von Bruschino böse wirre Träume, aber er, will ich mir denken, lag indeß in seiner Kammer auf den Knieen und betete für das Seelenheil seiner wackern Söhne, und schrie um Rache zum Himmel für ihr Blut, sollte dafür auch der Rest des seinen aus den welken Adern hinströmen! — O, fort, fort, daß dein Anblick nicht meine Gedanken

Lügen strafe! (Bruschino entfernt sich gesenkten Hauptes.) Ihr aber, wie soll ich euch nennen? Corsen? Aber seyd ihr es denn noch? Oder Männer? Aber ihr lauschtet ja so gierig den feigen Rathschlägen jenes altersschwachen Grei ses! — Oder soll ich euch Freunde nennen, und da ist nicht ein Arm, der mich umfinge, nicht eine Lippe, die mir willkommen zuriefe! — Bin ich nicht Sampiero mehr, euer Sampiero! — Was schweigt ihr, redet, was gab es hier? Ich will es wissen, redet! —

Leonello.

Es sind hier Dinge vorgefallen, Sampiero — doch du weißt vielleicht mehr darum als wir —

Sampiero.

Wollt ihr mich verrückt machen? — Was verhehlt ihr mir? — Ist mir doch, als hätt' ich vorhin zwischen Wachen und Schlaf von Verrath gehört, von geheimen Verbindungen mit Genua? Tod und Teufel! Sprecht! Ich fordere Rechenschaft im Namen Corsica's, steht mir Rede!

Florio
(rechts im Hintergrunde eilig auftretend).

Mein General!

Sampiero.

Du kömmst zur guten Stunde, Antonio wird mir

7*

diese Räthsel lösen! — Wo ist er? Folgt er dir? Wo bleibt er?

Florio.

Antonio, mein General — so weißt du nicht — Antonio ist fort!

Sampiero.

Antonio fort und wann und wohin und weßwegen?

Florio.

Er sey zu Schiff, sagte man mir in seinem Hause, er verfolge —

Sampiero.

Wen verfolgt er, und wären es zehntausend Dolche, sag's heraus.

Florio.

Er verfolge Vanina, deine Gemahlin, die nach Ge=nua entflohen —

Sampiero.

Vanina — Genua — Macht die Luft hier toll, oder liege ich im Fieber? Seyd ihr alle wahnsinnig oder bin nur ich's? — Sprecht mir von nassem Feuer, von kochendem Eis, aber Vanina entflohen nach Genua —

Calvese
(halblaut zu einem der Umstehenden).

Es mußte so kommen; ich sah es lange voraus!

Sampiero
(sich rasch umwendend).

Wer sagte das? — Wo ist er, der das sagte? Wenn ihr Männer seyd, nennt mir ihn, der das sagte?

Calvese
(nach einer Pause trotzig).

Ich sagte es!

Sampiero.

Und warum sagtest du's? Was sahst du voraus, und was mußte so kommen?

Calvese.

Ich weiß, daß Vanina, deine Gemahlin zu Ajaccio Briefe von Genua empfing.

Sampiero.

Das lügst du, sag' ich, wie ein verrätherischer Schelm, wie ein Genueser!

Calvese.

Ich hab's gesehen mit diesen meinen Augen!

Sampiero.

Schlägst du mir in's Gesicht mit deinen Worten?
(Ziehend.) Ich fordere dich, du mußt sterben!
(Dringt auf ihn ein.)

Calvese
(sich vertheidigend).

Haltet ein!

Leonello, Andrea, Florio
(auf die Fechtenden zustürzend).

Zurück! Trennt sie!

Calvese.

Jesus Maria!

(Er sinkt von Sampiero an die Coulisse hingedrängt in die Arme Leonello's und Florio's zurück, die ihn während der nächsten Rede Sampiero's in die Coulissen fortbringen, indeß die Geberden der Uebrigen Entsetzen und Mißbilligung ausdrücken.)

Sampiero.

Hast du nun, was du brauchst? Stirb, rath' ich dir; denn kommst du wieder zum Leben, so muß ich dir's noch einmal nehmen. Bringt ihn fort; unter die Erde mit ihm, denn auf ihr dulde ich ihn nicht mehr!

Battista.

Rasender, du wüthest gegen dich selbst! Er ist auf den Tod verwundet.

Sampiero.

Er ist gerichtet! Nun ist mir besser! — Ich sehe wieder klar; nun laßt uns weiter sprechen, nun ist mir wohl!

(Florio und Leonello kehren zurück.)

Leonello.

Er ist todt! Ehe sein Auge brach, richtete er sich noch empor und sagte: er hätte die Wahrheit gesprochen,

Vanina habe mit Genua im Briefwechsel gestanden. Er
wollte noch mehr sagen, aber der Athem versagte ihm! —
Es waren seine letzten Worte!

Sampiero.

Waren sie das, so starb er mit einer Lüge auf den
Lippen und Falschheit war sein letzter Athemzug! — Ich
aber will endlich wissen, was sich hier begab? Ich will
die Wahrheit hören, die ganze Wahrheit.

Leonello.

Die Wahrheit sagst du? — Wohlan denn, und
sollte auch ich darüber verbluten, wie Calvese, du sollst
sie vernehmen, und so höre denn Alles in einem Worte;
Vanina ist auf dem Weg nach Genua!

Sampiero.

Aber nicht entflohen — Nein, nicht entflohen! —
Von den Schergen Genua's geraubt, entführt, mit Gewalt
fortgerissen! So war es, so muß es seyn! Gesteht,
daß es so ist!

Leonello.

Wenn sich Entführung nennen läßt, daß vor drei
Wochen beiläufig ein genuesisches Schiff sich hier im
Hafen vor Anker legte, dessen Kapitän, dessen Mann=
schaft mit Vanina's Dienern, mit Ombrone, deinem

Geheimschreiber, Verbindungen anknüpften, geheime Zu=
sammenkünfte abhielten — und das kann ich bezeugen,
denn ich sah es!

Sampiero.

Ombrone, sagst du? —

Leonello.

Wenn sich Entführung nennen läßt, daß Vanina
plötzlich nach langer Weigerung gestattet, daß ihre Kinder
nach Paris zu Piero Strozzi gebracht werden, und dann
über Nacht verschwindet, wenn sich das Entführung nennen
läßt, so war's Entführung; doch wer wie ich —
warum es länger verhehlen — nach Vanina's Verschwinden
unter ihren Papieren zwei Briefe von Genua entdeckte —

Andrea.

Briefe, sagt ihr?

Battista.

Briefe von Genua?

Leonello.

Zwei Briefe, die Sampiero nebst einem reichen
Jahrgehalt, die Wiedererwerbung seiner verfallenen Güter
zusichern, wenn er die Sache Corsica's verläßt, wer die
Briefe las, der wäre versucht, Vanina's Verschwinden
Flucht zu nennen, und dich Sampiero — einen Verräther!

Sampiero.

Verräther! — Ich, Sampiero, ein Verräther! Jede Fiber meines Herzens Corsica, jede Faser meines Gehirns Corsica und ein Verräther! — Mir flimmert's vor den Augen, mir sauft's im Ohre, wie damals beim Sturm auf Perpignan, als der Kolbenschlag des Biskayers auf mein Haupt niederschmetterte! — Briefe von Genua — sie sind unterschoben — Sie ist überlistet, sie ist entführt worden — Herr, mein Gott im Himmel! Wäre sie gestorben, gut, so wäre sie bei deinen Engeln; hätte sie mir die Treue gebrochen, gut, das mochte sie mit ihrem Gewissen abmachen und ich mit ihrem Verführer — — aber entfliehen, nach Genua entfliehen, meine Hoffnungen ermorden, Corsica vernichten! Nein, nein, das konnte sie nicht, das hat sie nicht gethan!

Fünfte Scene.

Die Vorigen; Antonio da San Fiorenzo tritt rechts
im Vordergrunde der Bühne mit einem Diener auf.

Antonio.

Sieh zu, ob ein segelfertiges Schiff im Hafen zu
finden ist. Mach' fort, es hat Eile!

Sampiero
(während der Diener abgeht).

Antonio!

Antonio.

Das ist Sampiero's Stimme!

Sampiero.

Bist du es, bist du es wirklich? Ich umfasse dich,
wie der Sinkende das Tau, Antonio, wie der Schiff=
brüchige den sicheren Strand! O Dank dir — das war
der Händedruck eines Freundes! — Dank dir, Antonio!

Antonio.

Du kommst, da ich im Begriffe war, Boten nach
dir auszusenden; denn nie war deine Gegenwart hier
nöthiger als jetzt — Wenn du wüßtest, Sampiero —

Sampiero.

Und was bringst du mir, Antonio? — Blicke nicht

scheu zur Erde, ich weiß Alles! Sprich, ich will ja nicht Rechenschaft von dir fordern; ich frage ja nicht, wie du die Meinen hütetest, was du bringst, frag' ich dich!

Antonio.

Davon nachher — nicht hier, wenn du geruht hast, Sampiero!

Sampiero.

Nein, hier, gleich jetzt; nicht einen Augenblick sollst du länger zögern! Ich lechze nach deinen Worten. Rede, sprich, du verfolgtest sie, die genuesischen Räuber, du er= reichtest sie —

Antonio.

Auf der Höhe von Antibes erreichten wir sie. Als sie unser gewahr wurden, näherten sie sich der Küste, und suchten dort im Gewirre von Sandbänken, Untiefen und Felsenriffen uns zu entkommen; doch wir, der Schwierigkeit der Fahrt und der Beschädigung unseres Fahrzeuges nicht achtend, blieben ihnen hartnäckig auf den Fersen. Ihr leck gewordenes Schiff, das in den Grund zu sinken drohte, zwang sie endlich, sich in die Boote zu werfen und dem Strande zuzurudern. Wir thaten des= gleichen und so ereilten wir sie, als sie eben an's Land stiegen. Wir bemächtigten uns Vanina's; doch Ombrone, der Verräther, und der Capitän der genuesischen Galeere benützten den Drang der Verwirrung, ihr Heil in der Flucht zu suchen und zu finden.

Sampiero.

Und Vanina, wo ist sie, wo hast du sie?

Antonio.

Höre weiter. Unser Fahrzeug hatte so beträchtlichen Schaden gelitten, daß ich mich genöthigt sah, Vanina zu Lande nach Marseille zurückzubringen; doch kaum eine Stunde von Antibes stießen wir — sei es, daß Zufall sie des Weges führte, sei es, daß Vanina vielleicht schon früher sie nach Antibes beschieden hatte — wir stießen auf ihre Brüder, die beiden Ornano, die, wie du weißt, zu Aix in Garnison liegen. Sie hielten uns an, schienen zwar über das Vorgefallene nicht wenig erstaunt, beliebten jedoch nichts desto weniger meine Fürsorge für Vanina als einen Eingriff in ihre Rechte anzusehen. Sie behaupteten, die Obhut ihrer Schwester in deiner Abwesenheit zu übernehmen, wäre Niemand berufen, als sie selbst; ihre Sorge wäre es, Vanina's Leumund vor Mißdeutungen sicher zu stellen; mit einem Wort, nur von zwei Dienern begleitet, wie ich war, zwangen sie mich, ihnen nach Aix zu folgen und mich der Entscheidung des

Parlaments der Provence zu unterwerfen. Es entschied für sie, und so blieb Vanina in ihrem Gewahrsam und ich kehrte heim in tiefen Gedanken und in schwerer Sorge, die ich nun auf deine Schultern lade.

Sampiero.

Antonio, es ist kein Trost in deinen Mienen, und in deinen Worten auch nicht! — Du verschweigst mir, was ich am liebsten hörte, oder du willst mir nicht sagen, was ich am wenigsten hören möchte! — Sie hätte ihre Brüder vielleicht schon früher nach Antibes beschieden, meinst du, so meinst du ja auch, sie wäre — Mensch, rede, foltere mich nicht länger! Ist sie schuldig?

Antonio.

In dem Boote, das die Genueser an's Land brachte, fand sich nach ihrer Ueberwältigung eine Mappe mit Papieren, die dem heuchlerischen Schurken Ombrone zugehört zu haben scheint. Hier sind diese Papiere; es befindet sich ein Schreiben unter ihnen, dessen Inhalt — doch davon später, jetzt folge mir in mein Haus und pflege der Ruhe.

Sampiero.

Licht her, Licht! (Nachdem er zu lesen versucht, die Sklaven, die mit den Fackeln hinzugetreten, fortwinkend.) Nein, ich kann nicht, mir dunkelt's vor den Augen! — Von dir will ich es hören, Antonio! Aus dem Munde des Freundes will ich hören, was jenes Schreiben enthält! Rede, laß mich Alles wissen —

Antonio.

Nicht jetzt — (Sampiero einige Schritte bei Seite führend.) Nicht vor diesen —

Sampiero.

Vor Allen sage es, und wären deine Worte Blitze und zerschmetterten mich, rede, sag's heraus! —

Battista.

Ja, sprecht, Antonio!

Andrea.

Laßt hören!

Leonello.

Redet!

Antonio
(während die Uebrigen hinzutreten).

Wohlan, du willst es nicht besser! Mit jenem Schreiben bedingt sich Genua für die erbliche Statthalterschaft in Corsica, die an Sampiero und seine Söhne fallen soll —

Andrea.

Will's da hinaus?

Battista.

Das freilich läßt sich hören!

Leonello.

Und was bedingt sich Genua?

Antonio.

Für's Erste, daß Vanina als Geisel und Unterpfand zu Genua ihren Wohnsitz nehme —

Battista.

Nun, sie ließ sich das nicht zweimal sagen.

Antonio.

Dann, daß Sampiero uns Andere als Rebellen an Genua ausliefere —

Verschiedene Stimmen
(zugleich).

Ausliefern! Uns an Genua ausliefern! Verrath, Verrath!

Leonello.

Hörst du's, Sampiero? Wo ist nun dein Trotz, wo sind nun deine Drohungen? Oeffne jetzt deine zitternden bleichen Lippen! Rede, vertheidige dich!

Sampiero
(der, das Antlitz in den Händen verbergend, regungslos dagestanden).

So sey Gott mir gnädig! — Pferde! Pferde!

Battista und Andrea.

Wie, er will fort! Er soll nicht!

Leonello.

Er muß bleiben!

Verschiedene Stimmen
(zugleich).

Er muß bleiben! Muß bleiben!

Antonio
(Sampiero zurückzuhalten bemüht).

Du siehst, wie es hier steht! Alles bricht, Alles löst sich! Du mußt bleiben!

Sampiero.

Pferde, sag' ich! — Halte mir diese drei Tage, nur drei Tage halte sie mir — Pferde — O daß ich Flügel hätte!

Antonio
(ihn umschlingend und zurückhaltend).

Komm' nur erst zur Besinnung — Je heftiger du dort auftrittst, desto weniger —

Sampiero.
(sich losreißend).

Kein Wort mehr — in drei Tagen — Pferde!

Andrea

(ihm mit den Uebrigen in den Weg tretend).

Du sollst nicht!

Leonello.

Keinen Schritt weiter!

Battista.

Bleib!

Sampiero

(zieht).

Platz da, oder mein Weg geht über euere Leichen!
— Pferde! Pferde!

Indem er, von Florio und Antonio begleitet, dem Hintergrund
rechts zueilt, fällt rasch der Vorhang.)

Vierter Akt.

—

Aix in der Provence. Saal im Hause der beiden Ornano; im Hintergrunde zwei Thüren, wovon die links auf die Straße, die rechts
in's Innere des Hauses führt. Im Vordergrunde links ein Fenster,
rechts gerade gegenüber eine Seitenthüre. Tisch und Stühle rechts
im Vordergrund. Morgendämmerung, die bald in Tageshelle
übergeht.

———

Erste Scene.

Michelagnolo Ornano tritt rechts im Hintergrunde
auf, vor ihm her ein Diener mit Lichtern; später Giovanantonio Ornano.

Michelagnolo.

Die Lichter dort auf den Tisch, und geh' jetzt in
aller Eile — Nein, es ist gut, laß mich — und denoch,
geh', wecke meinen Bruder, er soll sich in die Kleider
werfen, ich muß ihn sprechen! Fort, sag' ich, fort!

(Der Diener geht rechts im Hintergrunde ab.) Seltsam! Alles
schien mir beschlossen und abgethan, war doch Vanina in
unserem Hause geborgen, hatte uns doch das Parlament

der Provence seines Schutzes versichert! — Und nun in
der Stille der Nacht befällt mich wieder plötzlich eine
seltsame Beängstigung; fieberhafte Unruhe scheucht mir
den Schlaf von den Augen, und schließt er sie mir auf
Augenblicke, so ist mir, als ob eine klagende, hülfe=
rufende Stimme, als ob die Stimme meiner seligen Mut=
ter: Michelagnolo! Michelagnolo! mir in's Ohr schrie! —
Und was nun beginnen? Sie nach Genua senden, wie
es ihr Wunsch ist — Nein, nein! Stände auch wirklich
Sampiero's Leben auf dem Spiele, würde sie es retten,
würde Sampiero, wenn sie sich auch als Geisel für ihn
in Genua's Gewalt begäbe, würde er darauf achten,
der auf nichts achtet, um seinen Hirngespinnsten nachzu=
jagen? Andrerseits werden jene Corsen, sobald die Ur=
sache der Entfernung Vanina's von Marseille ruchbar
wird, den Verdacht auf sie werfen, sie habe die schänd=
lichen Bedingungen Genua's angenommen! O, daß sie
doch dem Schurken Glauben schenken, daß sie sich konnte
verleiten lassen —

Giovanantonio Ornano
(aus der Thür rechts im Hintergrunde eintretend).

Nun, da bin ich! — Was soll's? Gibt's einen Jagd=
zug in der Gegend mitzumachen, oder sonst irgend einen
lustigen Streich auszuführen, daß du mich vor Tages

aus den Federn jagst? (Sich in einen Stuhl werfend.) Weiß Gott, ich bin noch ganz schlaftrunken!

Michelagnolo.

Giovanantonio, scheuche den Schlaf von deinen Augen, und schüttle die Trägheit von deinen Gliedern! Vanina muß in Sicherheit gebracht werden! Sie muß fort!

Giovanantonio.

Was sagst du? Vanina in Sicherheit bringen? Und wohin? Und jetzt, und weßwegen?

Michelagnolo.

· Sie muß fort! Sie muß der Aufmerksamkeit, den Mißdeutungen der Menge entrückt werden!

Giovanantonio
(an den Tisch tretend und die Lichter auslöschend).

Pah, tolles Zeug! Quäle dich nicht mit Sorgen, die so überflüssig sind, wie die Lichter, die hier so närrisch in den Tag hinein brennen! Komm' zu Bette, Michelagnolo! Vanina ist in Sicherheit und hat nichts zu fürchten.

Michelagnolo.

So dachte ich auch, aber nun fällt es mir schwer auf's Herz, daß wir nicht mit Franzosen, daß wir mit unsern Landsleuten, mit Corsen zu thun haben, daß ein Dolchstoß, ein Büchsenschuß aus irgend einem Busche uns aller Sorgen für Vanina so leicht überheben könnte. —

Giovanantonio.

Das freilich läßt sich hören, und darin hast du aller=dings Recht! Marseille ist nahe, Sampiero's Genossen sind verzweifelt entschlossene Bursche, und da Vanina doch nicht immer hier bleiben kann —

Michelagnolo.

Sie muß fort, noch heute, jetzt gleich fort! (An den Tisch tretend und klingelnd.) In den Umgebungen der Königin Mutter, in den Hallen des Louvre wird sie Sicherheit finden, und dahin soll sie! (Zu einem Diener, der aus der Thüre rechts im Hintergrunde tritt.) Laß sogleich meine Schwester wecken, und ihre Diener sich auf der Stelle reisefertig machen! Hörst du, auf der Stelle! (Diener rechts im Hintergrunde ab.) — O daß sie diese Mauern schon hinter sich hätte, die Unglückselige! Wer hieß sie auch hinter dem Rücken ihres Gemahls den Einflüsterungen seiner Feinde Gehör geben.

Giovanantonio.

Und konnte sie anders? Wenn dies Phantom der Befreiung Corsica's ihr häusliches Glück zerstört, ja das

Leben ihres Gatten bedroht, hatte sie nicht Recht, das Aeußerste aufzubieten, diesen Gefahren zu entrinnen?

Michelagnolo.

Recht und doch vielleicht Unrecht! Vanina's Entweichung von Marseille wirft einen Schatten auf ihr Leben, das können wir uns nicht ableugnen! — Doch es wird nöthig sein, vor Allem unsern Gönner, den Prinzen von Condé, um sein Fürwort anzugehen, und so will ich ihm in Kürze mittheilen, was hier vorgegangen.

Giovanantonio

(während Michelagnolo sich an den Tisch setzt und schreibt).

Ja, schreib' nur, schreib'! Alles Unglück kommt doch am Ende nur daher, daß die Mutter die Verbindung Vanina's mit dem Bauernsohn zugab. Wäre Er der Unsern Einer, er würde sich mit diesem gemeinen Volke niemals in irgend eine Verbindung eingelassen haben, und niemals in diese Verwicklungen gerathen sein, in die er nun Vanina mit hinein zieht. (An's Fenster tretend.) Wie sich wohl das Wetter anläßt? Hm! Verdammt trübe! — Der Nordostwind bringt uns wieder Regen wie gewöhnlich. — Die Stadt ist noch ganz stille, kein Mensch auf der Straße — nein — da geht ein Bursche in einem braunen Reitermantel vorüber! Ja, es gibt Regen, wenn der Wind nicht umsetzt — Ei, da ist der Braunmantel wieder! Seltsamer Geselle das, bis an die Ohren verhüllt! — Sieh, da kehrt er wieder um! — Jetzt steht er vor dem Hause still! — Wartet er auf Jemand? Ob das nicht am Ende uns angeht? Wenn es ein Bote des Prinzen wäre? —

Michelagnolo
(vom Schreiben aufblickend).

Ein Bote des Prinzen —

Giovanantonio.

Jetzt schlägt der Wind den Kragen seines Mantels zurück — Mir ist, als sollt' ich — Tod und Teufel!

Michelagnolo
(aufspringend).

Was hast du?

Giovanantonio.

Sampiero!

Michelagnolo
(der indessen an's Fenster gestürzt ist).

Ihr Heiligen des Himmels! Er ist es, ja, er ist es! Sieh' nur, wie seine Lippen krampfhaft zusammenzucken, wie sein dunkles Auge zornblitzend heraufstarrt! O, meine wahrsagenden Träume! — Das war es, was ich ahnte, was ich fürchtete, und nun ist Alles verloren!

Giovanantonio

(an den Tisch tretend und klingelnd).

Nichts ist verloren, so lange diese Mauern nicht
bersten, so lange noch Schloß und Riegel zwischen uns
und ihm sind! (Zu dem Diener, der aus der Thüre rechts im
Hintergrunde tritt.) Laßt das Thor des Hauses geschlossen
bleiben, fest geschlossen, wer auch Einlaß fordere! Unsere
Pferde gesattelt an das Gartenpförtchen! Fort, sag' ich,
kein Säumen, fort! (Während der Diener links im Hintergrunde
abgeht, zu Michelagnolo tretend, der wie betäubt dasteht.) Komm'
zur Besinnung, fasse dich! Wir sind in Frankreich, das
Parlament beschützt uns; braucht er Gewalt, so wird
Gewalt sie abwehren! Allein dahin soll es nicht kommen!
Mag er am Thore lauern und wachen, uns führt indeß
das Gartenpförtchen in's freie Feld.

Michelagnolo.

Und ehe er hereindringt, ist Vanina auf dem Wege
nach Lyon! Ja, das ist es, so kann es gelingen! Es
war nur sein Blick, der lähmend wie der einer Schlange
meine Seele betäubte, meine Sinne gefangen nahm!
Nun ist's vorüber und nun kein Säumen mehr, an's
Werk!

(Er schreitet rasch auf die Seitenthüre zu, aus der ihm aber, ehe er
sie noch erreicht, Vanina entgegentritt.)

Zweite Scene.

Die Vorigen. Vanina; später ein Diener.

Vanina.

Ist es wahr? O redet, habe ich recht gehört? Ihr rüstet euch zum Aufbruche, ihr gebt endlich meinen Bitten nach, ihr führt mich nach Genua?

Michelagnolo
(während Giovanantonio wieder an's Fenster tritt).

Nach Genua, du Unglückselige? Dumpfer Kerker= nacht, vielleicht dem Henkerbeil dich preisgeben? Nein, dich schützen wollen wir, dich in Sicherheit bringen! Nichts mehr von Genua, komm', folge uns!

Vanina.

Nicht nach Genua? Und Sampiero? Ewiger Gott! Sampiero, dem seine Feinde nachstellen, den Banditen= dolche bedrohen! Denn wie oft soll ich euch noch sagen —

Michelagnolo.

Und wie oft soll ich dir wiederholen, daß Ombrone dich hinterging, daß Genua dich täuschte! Dich an sich locken, sich deiner bemächtigen wollten sie, das ist Alles! Komm', folge uns; du mußt uns folgen!

Vanina.

Nein, sag' ich, nein, und wieder nein! Genua bedroht Sampiero's Leben, nach Genua gehör' ich, und dahin will ich!

(Heftiges Pochen außer der Bühne.)

Michelagnolo
(zusammenschreckend).

Herr Gott im Himmel!

Vanina.

Wer pocht da? Und ihr, ihr erbleicht, ihr bebt zusammen? Wie, bangtet ihr nicht blos vor geträumten Schrecken? Bedrohte uns ein wahrhaftes, ein wirkliches Unheil?

Michelagnolo.

Fort — hinweg, ehe es zu spät ist!

Vanina.

Oder wäre das Entsetzlichste schon geschehen, und ihr wolltet mir nur verhehlen, was das Gerücht aus der Ferne zu euch herübertrug? Er lebt doch? Redet, ich beschwöre euch! Sagt mir, daß er lebt!

(Wiederholtes heftiges Pochen außer der Bühne.)

Giovanantonio.

Und wenn er nun lebte, ja noch mehr, wenn er

selbst uns diese Kunde gebracht hätte, wenn er es wäre,
der dort stürmt und pocht —

Vanina

(mit einer Bewegung nach der Thür).

Sampiero hier — ihn wiedersehen — Sampiero!

Michelagnolo

(ihr in den Weg tretend).

Zurück, du Rasende! Sagt dir nicht der Ungestüm
seines Pochens, daß er zürnt, und hast du ihn gesehen
in seinem Grimm? Wenn seine Lippe bebt, sein Auge
Funken wirft, wenn die zuckende Hand eher das Schwert
zu finden droht, als die schwellende Brust Worte? —
Hast du ihn gesehen, hast du's?

Vanina

(zusammenschaudernd).

Ja, ich hab' es gesehen!

Michelagnolo.

Und du wolltest ihm die Stirne bieten, dem Manne
die Stirne bieten, der nie vergibt und nie vergißt?
Kommt', dort hinaus liegt der Weg zur Rettung!

Giovanantonio.

Folg' uns, da es noch Zeit ist!

(Wiederholtes heftiges Pochen außer der Bühne.)

Ein Diener

(durch die Thür links im Hintergrunde hereinstürzend)..

Der fremde Herr — das Thor geht in Trümmer — er müsse herein, sagt er, er sey Sampiero, der Gemahl euerer Schwester! — Sollen wir nun —

Vanina

(stolz und ruhig).

Oeffnen sollt ihr! —

Giovanantonio.

Nein, öffnet nicht —

Vanina.

Oeffnet, sag' ich, auf meine Gefahr! (Während der Diener abgeht, den beiden Brüdern, die ihn zurückhalten wollen, in den Weg tretend.) Keine Widerrede! Ihr müßt mich hinausstoßen, oder ihn aufnehmen unter dem Dache, das mich beherbergt! Wählt, es giebt kein Drittes!

Michelagnolo.

Unselige! Es gilt dein Blut, dein Leben!

Vanina.

Sie sind sein; mag er sie nehmen, wenn er sie fordert! Horch, da dringt schon seine Stimme herauf! — (Zu Giovanantonio, der sie zurückhält.) Laßt mich! Hinweg! Er ruft — Ich komme, Sampiero, ich komme! (Sie reißt sich von Giovanantonio los, und stürzt im Hintergrunde durch die Thüre links ab

Giovanantonio

(ihr nacheilend).

Du sollst nicht — Und müßten wir Gewalt brauchen —

Michelagnolo

(ihn zurückhaltend).

Halt! nicht weiter! — Das mächtige Gefühl, das sie in seine Arme reißt, schützt sie vielleicht besser vor seinem Zorn, als wir es vermöchten! — Sie lieben sich, und Liebe, sagt man, kann Alles! Laß sie dem Triebe ihres Herzens folgen!

Giovanantonio.

Du rechnest auf Wunder! Wenn deine Rechnung falsch wäre —

Michelagnolo.

Ich bleibe in der Nähe, die Gefahren abzuwehren, die ihr drohen könnten! Eile du indeß, das Parlament um Beistand anzurufen! Entscheide das Gesetz Frankreichs zwischen uns und ihm, wenn es die Liebe nicht vermag!

Giovanantonio.

Du willst es! — Du bist der Aeltere, und so geh' ich! Aber zwischen uns und ihm wird kein Richter ent=

scheiden, fürchte ich, als das Schwert, und wollte Gott,
es hätte schon entschieden!

(Er geht im Hintergrunde rechts ab, während Michelagnolo sich
durch die Seitenthür rechts entfernt.)

Dritte Scene.

Sampiero tritt, Vanina umschlungen haltend, aus
der Thür im Hintergrunde links; später Florio.

Sampiero.

Vanina, bist du's? — Bist du's, Vanina?

Vanina.

Ja, sie ist es, Sampiero! Vergebens gewarnt, ver=
gebens zurückgehalten, ihrem Herzen folgend, deiner
Liebe vertrauend, umschlingt sie dich, hält sie dich!
Nimm sie hin, deine Vanina, dir übergibt, dir unterwirft
sie sich! Thue mit ihr nach deinem Willen!

Sampiero

(sich von Vanina's Umarmung losmachend, so daß er, ihre beiden
Hände festhaltend, und sie unverwandt anstarrend, ihr gegenüber=
steht, nach einer Pause).

Zu dir gedrungen also wäre ich! Du stehst vor mir,
mein Blick, mein Wort erreicht dich, meine Hände halten

dich! Ich sehnte mich, ich lechzte nach diesem Augen=
blicke — und nun — *(sich abwendend und das Gesicht in den
Händen verbergend)* nun bangt mir davor!

Vanina
(nach einer Pause, sich ihm nähernd).

Was säumst du, was brütest du? — Ich weiß wohl,
du zürnst mir — O, so sprich, sag' heraus, was dir im
Herzen aufwallt! Weiß ich doch, was du mir zu sagen
kömmst, weiß ich doch, daß sie zu Marseille mich an=
klagen —

Sampiero.

Dich? Mich klagen sie an — sie schelten mich einen
Verräther; sie sagen, ich wäre abgefallen von der Sache
des Vaterlandes, ich hätte es verkauft an seine Feinde,
Sampiero, Corsica!

Vanina.

Allmacht des Himmels! Dich klagen sie an, auch dich?

Sampiero.

Mich in dir! — Du wärst nur die Unterhändlerin
gewesen, heißt es! Sie legen die Waffen nieder, sie
weigern mir den Gehorsam, sie wollten auf ihre Sicher=
heit denken, sagen sie —

Vanina.

Barmherziger Gott! Du weißt es — Das — das
wollte ich nicht!

Sampiero.

Und was wolltest du? Laß mich es wissen! Ver=
theidige dich vor mir, wenn du es kannst, daß ich mich
vor ihnen vertheidigen könne! — Oder kannst du es nicht,
bist du schuldig, ist Alles verloren und keine Rettung
mehr? Rede, sag' ich!

Vanina.

O mein Gemahl!

Sampiero.

Du zitterst! Nein, du sollst nicht zittern! — Fasse
dich! Laß dich nicht einschüchtern von meinem rauhen
Wesen, ich will dich nicht mehr erschrecken! — Rede nur,
ich will dich ruhig anhören, so ruhig als sprächst du von
längst verklungenen Zeiten, als erzähltest du mir irgend
ein Kindermärchen! Rede nur, rede, sag' ich!

Vanina.

Reden — Und wo beginne ich und was soll ich
sagen? — Und was könnte ich Besseres sagen, als die
Wahrheit, die heilige, die reine Wahrheit, die immer
den nächsten Weg zum Ziele führt, die mächtig ist in

ihrer Einfalt und siegreich in ihrer Blöße! — Und so fahr' hin, feiges Bangen, aus meiner Seele! Was der Zufall in meinen Händen aus Segen in Fluch verkehrte, dafür möge der Himmel einstehen; was ich gewollt, was ich gethan habe, das kann, das will ich vertreten!

Sampiero.

Kannst du das? O, daß du es könntest!

Vanina.

Ja, ich will reden! — Hier an deine Schultern ge= lehnt, unverwandt dir in's Auge blickend, will ich dir sagen, daß mit dem Tage, als der Gedanke an Corsica's Befreiung in deinem Gemüthe Herrschaft gewann, die Freude, das Glück meiner Seele dahin war; als nun aber Frankreich dich verließ, als du hinauszogst, der Einzelne, ganz Europa die Stirne zu bieten, da war es auch um den Frieden, um die Ruhe meines Lebens geschehen! Dein Untergang in dem ungleichen Streite schien mir gewiß! Und sollte ich in blödem Stumpf= sinn deinem Sturze zusehen, sollte Vanina Ornano ohne Kampf das Kleinod ihres Lebens hinwerfen? Siehe, da kam der Geist meiner Väter über mich, da schwur ich es mir zu, dich zu retten, wär's auch wider deinen Willen! Und nun geschah es, daß Genua, das schon einmal ein Schreiben an mich gerichtet hatte — ich verschwieg es dir damals, deine Erbitterung nicht zu steigern, und sandte es uneröffnet zurück!

Sampiero.

So also begann es. — Weiter, nur weiter!

Vanina.

Du verließest eben Corsica; meine Besorgniß, meine Angst waren auf das Höchste gestiegen, als mir Ombrone ein zweites Schreiben Genua's einhändigte. Wie ein Blitzstrahl durchzuckte mich der Gedanke, durch einen ehrenvollen Frieden allem Streite, allen Gefahren, die dich bedrohten, ein Ende zu machen, und so öffnete ich jenes Schreiben; allein sein Inhalt war nur gemeine Bestechung. Ein drittes, das bald darauf einlief, brachte nichts Besseres, und so verwarf ich die Anträge beider, wie sie es verdienten!

Sampiero.

Du verwarfst sie? — Zu Marseille aber meint man —

Vanina.

Die Elenden! Steht ihnen Vanina nicht zu hoch, selbst für solche Anklagen nicht zu hoch! — Die Briefe, die Genua an mich gerichtet, müssen noch vorhanden seyn;

Antonio mindestens sagte so! — Wo sind sie, daß ihr Inhalt für mich zeuge? — Sie erwähnen des Abscheues, mit dem ich jene Anträge verwarf, sie bemühen sich die Gründe meiner Weigerung zu widerlegen —

Sampiero
(der indeß hastig die Briefe hervorgezogen).

Die Briefe! Hier sind sie, diese Briefe! — Und hier steht es — „Abschlägige Antwort" — „Unzeitige Bedenken" — „Hartnäckiger Widerstand" — Du hast Recht! Dies Zeugniß gilt, muß gelten! — Du hast Recht! fahr' fort! Ich dürste nach deinen Worten — wenn noch Hoffnung wäre, wenn — Aber deine Flucht nach Genua! Die Entfernung der Kinder und dieser hier, dieser Brief, der mir die Statthalterschaft in Corsica verheißt, wenn ich meine Freunde an's Messer liefere.

Vanina.

Mit Abscheu, mit Entsetzen erfüllte mich die Bedingung, und die dunkle Binde fiel mir von den Augen! Ich beschloß, alle Verbindungen mit jenen Nichtswürdigen abzubrechen, als Ombrone mir plötzlich zu Füßen stürzte und mir zuschwor, ein Schreiben Genua's an seinen Agenten in Marseille gelesen zu haben, nach welchem man, wenn ich mich nicht sogleich nach Genua begäbe, Mörder aussenden wolle, Sampiero, Mörder gegen dich!

Sampiero.

Ein Schreiben Genua's sagst du? Wo ist das Schreiben?

Vanina.

Die Botschaft vernommen, war kein Erwägen, kein Halten, keine Rücksicht mehr! — Die Kinder sandte ich nach Paris zu Piero Strozzi, ich selbst aber schiffte zur Stunde mich ein. Das Uebrige weißt du; und das ist die ganze Wahrheit, ich habe nichts bemäntelt, nichts verschwiegen. Ich handelte, wie ich mußte; ich bedachte mich nicht, da ich's that; ich bereue nicht, da es gethan, und das ist Alles, was ich dir zu sagen habe.

Sampiero.

Der Brief aber, jener Drohbrief —

Vanina.

Ombrone verhieß mir, ihn zu schaffen, wenn ich zu Schiffe wäre; kaum eingeschifft aber, kaum zur Besinnung gekommen, gewahrten wir, daß wir verfolgt würden, und das Bestreben, zu entrinnen —

Sampiero.

Den Brief, Unglückselige, den Brief!

Vanina.

Du zitterst, du erbleichst! Mir bangt vor dir, Sam=

piero! Ich sah den Brief nicht, aber, wenn auch Ombrone, wie die Brüder sagen, mich getäuscht, wenn es nie einen solchen Brief gegeben hätte, für mich war er da, meine Seele hat ihn gelesen, hat ihn geglaubt, und hier schwöre ich's beim Leben meiner Kinder, bei deinem Leben, Sampiero, nur der Glaube an jenen Brief war es —

Sampiero

(außer sich).

Den Brief, den Brief, den Brief! — Umsonst, Alles ist verloren! — Dem Brief hätten sie geglaubt, der Brief hätte mich retten können, dich retten können, Corsica retten können, aber nun ist keine Rettung mehr!

Vanina.

Ich Unglückselige!

Sampiero.

Ja nenne dich so, denn du bist es! Du hast meine Ehre gebrandmarkt, meinen Namen geschändet, den mühevollen Bau meines Lebens mit einem Rucke hingestürzt wie ein Kartenhaus! Ja, du bist unglückselig!

Vanina.

Höre mich an, wende dich nicht von mir, Sampiero! Glaube mir — und wie könntest du mir auch nicht glauben? Liebe ließ mich beginnen, was mich zu diesem Ende führt; Liebe trieb mich den Dolchen deiner Feinde entgegen, damit sie dich nicht träfen; Liebe ist meine ganze Schuld, wenn es Schuld ist, zu sehr zu lieben, wenn nicht blos feindlicher Wille, besonnene That, wenn auch Mißlingen und Irrthum Schuld sind!

Sampiero.

Ja, sie sind es! Schuld ist jene Selbstsucht der Liebe, die dem Geliebten ihre Farbe, ihre Neigung, ihr Glück aufdringen will; Schuld der unbesonnene Leicht=sinn, der blind in's Netz der Feinde rennt, Schuld der anmaßende Dünkel, der beginnt und nicht vollendet, wagt und nicht gewinnt! Durftest du, ein Weib, wie du bist, die Hände legen an das Werk meines Lebens, durftest du, Sampiero's Gattin, abweichen von dem Pfad, den ich, dein Herr, dir voranging? Ja, du bist schuldig, drei=und vierfach schuldig, und ich, ich muß mit dir dafür gelten, mit dir ehrlos, mit dir statt von Corsica gesegnet, von Corsica gehaßt und verdammt seyn!

Vanina.

Du sprichst zu mir, wie ich es nicht verdiene! Nicht Dünkel, nicht Anmaßung führte mich hieher: es galt dein Blut, dein Leben, Sampiero!

Sampiero.

Verblendete, Corsica war zu retten, nicht Sampiero! Ein Mensch, wär's ein Mann, ein Held, ein Halbgott, ist mir wie ein Blatt am Baume; grünt es oder welkt es, flattert's lustig am Zweige oder wirbelt's abgefallen im Winde — wer fragt darnach? Vaterland! Recht! Freiheit! Das ist der Stamm, das Mark, der Kern des Lebens, und wer nicht dafür lebt, lebt gar nicht! O verflucht, wer ein großes, würdiges, ruhmgekröntes Daseyn alltäglicher Beschränktheit zum Spielzeug in den Schooß wirft, verflucht wer sein Leben an ein Weib hängt, verflucht, verflucht!

Vanina.

Sampiero — Nein — ich habe dir nichts mehr zu sagen! — (Sie geht rasch auf die Thüre im Hintergrunde rechts zu; bei der Thüre angelangt, bleibt sie stehen, kehrt langsam um und wirft sich Sampiero zu Füßen.) Vergib mir, Sampiero! Widerstrebend beug' ich die Kniee vor dir, aber ich beuge sie, ich erkenne mein Unrecht nicht, aber ich will es zugeben, ich will schuldig seyn, aber vergib mir meine Schuld! O laß mich nicht länger zu dir flehen, als mir ziemt; zögere nicht länger, als du zürnst; sag' es heraus das Wort, mit dem dein Herz mich längst lossprach, vergib mir!

Sampiero.

Laß mich! Es ist still in meinem Herzen und dunkel in meiner Seele!

Vanina
(aufspringend und ihn umschlingend).

Vergib mir! Laß uns Frieden machen, Sampiero!

Sampiero.

Frieden machen? Und was dann? Mich lossagen von meinem Werke, abtreten wie ein bankrotter Kaufmann, Himmel und Erde bewegt haben, und verlöschen wie eine Nachtlampe? Oder nach Marseille zurückkehren, ich beargwohnt mit dir, der Verdächtigen, um Vertrauen betteln und verhöhnt werden, von diesen Werkzeugen meiner Willkür, diesen Handlangern meines Geistes verhöhnt werden! —

Vanina.

Genug, genug! Deine Worte dringen wie Dolche in meine Seele — aber es sind nur Worte, Kinder des Augenblicks und mit ihm begraben! Dein edler Geist, wenn er erst wieder ungetrübt vor sich hinblickt, wird Mittel finden, sich mit deinen Freunden zu versöhnen, den Verdacht abzuwälzen, der auf dir lastet: er wird, er muß sie finden!

Sampiero.

Ein Mittel, meine Ehre zu reinigen von ihrem Aussatze, die Abtrünnigen wieder zu sammeln unter meiner Fahne, ein Mittel, Corsica's letzte Hoffnung grünend zu erhalten! Gibt es ein solches Mittel? Ja, ein solches Mittel gibt es. (Nach einer Pause auf Vanina zuschreitend und sie starr anblickend.) Kennst du es, Unglückselige! Weißt du, was jede Schuld sühnt, jeden Fehltritt zudeckt, von jedem Makel reinwäscht! Weißt du's?

Vanina

(zusammenschaudernd und das Antlitz in den Händen verbergend).

Allmächtiger Gott!

Sampiero.

Mit Sampiero's Schicksal wolltest du spielen und zitterst vor einem Wort? Es ist genug; mache dich reisefertig, Vanina!

Vanina.

Sampiero!

Sampiero.

Kein Wort mehr! Mach' dich fertig, nach Marseille mit mir heimzugehen.

Vanina.

Heimgehen! Ja, heimgehen! (Nach einer Pause sich empor-

richtend, stolz und ruhig.) Es sey! Ich werde bereit seyn,
wenn du mich rufst!

(Sie geht langsam durch die Seitenthüre rechts ab.)

Sampiero

(nach einer Pause).

Ja, das ist es! Eherner Faust, gepanzerter Ferse
ihnen entgegentreten, die dröhnende Last einer gewalti=
gen That unter sie hineinwerfen, eine blutige Hand
über sie hinstrecken, das ist es! Mit Entsetzen ihnen Ge=
horsam abbringen, das ist der Pfad der Rettung, kein
anderer! Ein dunkler Pfad, ein gräßlich schaudervoller
Pfad! — Nein, nein, ich will nicht — will nicht! Und
wenn ich müßte? Müssen? Ich müßte vollbringen, was
nur wie ein Fiebertraum durch meine Seele zuckte? Ich
müßte — Und wer zwänge mich? Ich mich selbst, Sam=
piero den Sampiero? und wie denn und womit denn? —
Corsica über Alles! — Allmacht des Himmels, über
Alles! Ich habe es geschworen, im Blut des Verräthers
auszutilgen die Schmach des Verrathes, ich hab' es ge=
schworen! — Gib mir mein Wort zurück, Corsica, oder
fülle meine Seele mit dem Grimme des Tigers, mit
dem Blutdurst der Hyäne! — Blut! Blut! Wer spricht
mir von Blut? Das Wort ist Gift in meiner Seele, es
versengt mein Gehirn, es zerreißt meine Nerven! Blut!

Blut! Ich sehe roth, nur roth vor den Augen! Meine Hand ist blutig, die Erde, der Himmel blutig! Alles Blut, nur Blut!

Florio
(im Hintergrund links haftig auftretend).

Mein General, denkt auf eure Sicherheit! — Hört ihr mich, mein General!

Sampiero.

Bist du es, Florio! O sprich zu mir, rede, laß mich eine menschliche Stimme hören, die den wilden Schrei meiner Seele übertäubt; laß deine Worte mich heraus reißen aus dem Wirbel der Gedanken, die mich verwirren, ängstigen, toll machen!

Florio.

Faßt euch, mein General, und denkt auf eure Sicherheit; Soldaten besetzen alle Ausgänge des Hauses, man hält die Straßen mit Ketten gesperrt! Gefahr, fürcht' ich, bedroht eure Freiheit, wenn nicht euer Leben!

Sampiero.

Gefahr? Besser Gefahr als Tollheit! (An's Fenster tretend.) Du hast Recht, das Haus umstellt, die Thüren geschlossen! Da ist kein Ausweg, kein Entrinnen! — Sie hassen mich, meine Schwäger, hassen mich seit Jahren,

es sieht aus, als ob es mit mir zu Ende ginge! Gleich
viel, was da auch komme, ich fühle, es ist mein Schick=
sal, das in dieser Stunde zu mir tritt! Gelübde ver=
pflichten nur den Freien, den Lebenden; wenn sie mich
tödten, sind sie gelöst, und Alles ist vorüber! Aber wenn
ich lebe, wenn ihre Netze zerreißen, ihre Schlingen mich
loslassen, dann hält der Himmel mich beim Wort, dann
ist es der Ruf Corsica's, die Stimme Gottes; dann soll
es vollbracht sein, und dann — so wahr mir Gott helfe,
dann sey es vollbracht! Auf denn, Florio! Doch sieh,
wer kömmt da?

Vierte Scene.

Die Vorigen; der Präsident des Parlaments der Provence tritt in Begleitung der beiden Ornano, mehrerer Parlamentsräthe und Huissiers, welche letztere im Hintergrunde zurückbleiben, rechts im Hintergrund auf.

Präsident.

Ist dies der Mann, um dessentwillen ihr den Schutz der Gesetze und unsere Vermittlung anrieft?

Michelagnolo.

Er ist es —

Präsident
(auf Sampiero zuschreitend).

Sampiero von Bastelica —

Sampiero.

Der bin ich! Aber ihr, wer seyd ihr, und was wollt ihr mir? Was bietet ihr Häscher gegen mich auf, und stellt Wachen an die Pforten dieses Hauses? Wollt ihr mich ergreifen wie einen Dieb, mich vor Gericht stellen wie einen Räuber? Ich bin Sampiero, wer will mich halten, wenn ich gehen will?

Präsident.

Wir sind nicht gekommen, Sampiero, euch zu ver=

haften oder vor Gericht zu ziehen. Wir sind hier im Namen des Königs und des Parlaments der Provence, Recht und Ordnung zu wahren in diesem Hause, und Gewaltthat ferne zu halten. Das ist unser Amt, ihr aber mögt ungefährdet hinziehen, woher ihr gekommen!

Michelagnolo.

Dein Anschlag ist vereitelt, Sampiero! Was säumst du? Fühlst du nicht, daß wir unser hier um Einen zu viel sind?

Sampiero.

Gehen also soll ich, und das ist Alles? Ihr wollt mir nicht an's Leben, wollt mich nicht gefangen nehmen? Nur gehen soll ich, gehen! Ihr treibt mich, ihr drängt mich fort! — Nun, wohlan, es ist entschieden, der Himmel will es; ich gehe! — Vanina, denk' ich, wird reisefertig seyn; sendet nach ihr, daß sie komme!

Michelagnolo.

Vanina mit dir hinwegziehen? Nimmermehr!

Sampiero.

Wie, was sagst du?

Giovanantonio
(zum Präsidenten gewendet).

Was wir besorgten, ist eingetroffen, er will Vanina unserer Obhut entreißen!

Michelagnolo
(ebenfalls zum Präsidenten gewendet).

Er will sie hinwegführen, sie auf verläumderische Anklagen hin zur Rechenschaft zu ziehen! Ermorden will er sie! Gewähre uns nun das Parlament den Schutz, um den wir baten, entreiße es die Unschuldige den Klauen des Verderbens, wo nicht —

Präsident
(zwischen Sampiero und die Brüder in die Mitte tretend).

Genug, dies ist unsere Sache, und wir wollen sie ausfechten! Sampiero, vernehmt: Vanina Ornano steht unter dem Schutze des Parlaments der Provence; Vanina wird euch nicht folgen, sondern in der Obhut ihrer Brüder hier zurückbleiben!

Sampiero.

Wie, sprecht ihr im Fieber oder hör' ich im Traume? Vanina Ornano — meint ihr die Vanina, die Sampiero's Weib ist? Und wollt ihr mir vorenthalten, was mein ist, mein Weib mir vorenthalten?

Präsident.

Es ist unsere Pflicht, die Tochter eines erlauchten Hauses, die Schwester dieser verdienten Officiere des Königs, unsers Herrn, vor Mißhandlung und Gewalt=that zu schützen; denn wir kennen euere ungezügelte

Wildheit, Sampiero, und so mögt ihr hinziehen, wohin euch beliebt; Vanina aber bleibt.

Sampiero.

Gebt mir mein Weib heraus, sag' ich! Mich schreckt nicht euer dunkles Gefieder, euer heiseres Gekrächze, ihr Raben der Gerechtigkeit! Gebt mir mein Weib heraus! (Zu Vanina's Brüdern.) Und ihr, ihr hochgeborenen Herren, seyd ihr des stolzen Namens würdig, mit dem ihr prunkt und prahlt, seyd ihr Männer und tragt Schwerter an eurer Seite, und erröthet ihr nicht, Vanina mir stehlen zu wollen, wie gemeine Diebe? Memmen, die ihr mit Häschern euch verbindet, und mit dem Büttel Gemeinschaft macht, ihr seyd nicht werth, daß mein Schwert gegen euch sich kehre, aber ich habe noch Fäuste, euch anzufallen, Zähne, euch zu zerreißen! (Michelagnolo bei der Brust fassend.) Tödtet mich, Nichtswürdige, aber gebt mir mein Weib heraus!

Michelagnolo
(sich von Sampiero losmachend).

Fahr' zur Hölle!

Giovanantonio
(das Schwert ziehend).

Nieder mit ihm!

Präsident
(Sampiero und die Brüder trennend).

Zurück, sag' ich! Beim dreieinigen Gott, zurück, und
haltet Frieden!

Fünfte Scene.

Die Vorigen. Vanina tritt hastig aus der Seitenthüre
rechts.

Vanina.

Was geht hier vor? Welches Treiben, welcher Auf
ruhr?

Sampiero.

Gebt mir mein Weib heraus! Hierher, zu mir,
Vanina!

Michelagnolo
(zu Vanina).

Er will dich mit sich hinwegführen —

Giovanantonio.

Zum Tode will er dich fortschleppen —

Präsident.

Sorgt nicht, edle Frau! Die Gesetze Frankreichs

beschützen euch, und so fürchtet nichts mehr von dem ungerechten Zorne, von der Härte eueres Gemahls.

Vanina.

Wer darf das sagen? Wer darf sagen, daß Sampiero jemals vorgehabt hätte, was nicht gerecht, jemals vollbracht hätte, was nicht ehrenhaft gewesen wäre! Wer darf ihn schelten, wenn ich ihn nicht table, wer ihn hart nennen, wenn ich ihn milde finde; wie darf für Vanina seyn wollen, wer gegen Sampiero ist.

Michelagnolo.

Unselige!

Giovanantonio.

Bist du von Sinnen?

Präsident.

Wie, was sagt ihr, Vanina? Es wäre nicht euer Verlangen, euer Wunsch gewesen —

Vanina.

Mein Verlangen ist, zu erfüllen, was ich am Altar gelobte, Sampiero's zu seyn, unbedingt und für immer! Zürnt er mir, so wird er Grund dazu haben; führt er mich von hinnen, so ist es ja die Heimat — die Heimat, in die er mich führt. Beschütze Frankreichs Gesetz, die des Schutzes bedürfen, ich bin Sampiero's! Befiehl mir, mein Herr und Gatte und ich gehorche, geh' voran und ich folge, rufe und: „Hier bin ich!" werd' ich sagen: Hier bin ich!

(Sie will quer über die Bühne zu Sampiero hinübereilen.)

Michelagnolo
(ihr in den Weg tretend).

Nein, du sollst nicht! Du bleibst, du mußt bleiben!

Giovanantonio
(zum Präsidenten).

Rettet, helft! Laßt die Verblendete nicht in ihr Verderben rennen! Gebt Befehl, daß Sampiero sich entferne

Präsident.

Mit nichten, ihr Herren! Ihr habt in Vanina's Namen unsern Schutz angerufen, sie aber widerspricht euren Befürchtungen, sie widerlegt eure Angaben! Wo ihr anklagt, vertheidigt sie; was ihr verweigert, begehrt sie! Aus euch spricht Haß, aus ihr die Liebe! Da sey Gott vor, daß Frankreichs Gesetze jemals trennen, was Liebe verband und heiligt, und so verwerf' ich eure Bitte! Ihr aber, Sampiero, nehmt sie hin, denn sie ist euer!

Sampiero.

Der Himmel will es! — Vanina, zu mir herüber!

Vanina.

Hier bin ich!

(Sie will quer über die Bühne zu Sampiero hinüber treten.)

Michelagnolo

(im Begriff mit gezücktem Schwert auf Sampiero einzudringen.)

Ehe soll er sterben.

Giovanantonio

(auf Sampiero eindringend).

Nieder mit ihm!

Vanina

(sich rasch umwendend, stark und entschieden).

Halt, er ist mein Gatte! (Die beiden Brüder lassen die Schwerter sinken. — Nach einer Pause zu den Beiden hintretend, die von ihr abgewendet dastehen.) Lebt wohl, meine Brüder! — Wendet euch nicht von mir! Ihr liebt mich ja dennoch, ich weiß es! Ihr habt mich immer geliebt, und zürnt ihr mir jetzt, so ist es ja wieder Liebe, und nie habe ich ihre Fülle tiefer, dankbarer empfunden, als eben jetzt, da ich verwerfe, was sie mir bietet! Zürnt mir nicht! Vergebt mir, wenn ich euch kränke; gedenkt meiner, wenn ich scheide, denn ich muß, muß scheiden, und so lebt wohl, lebt wohl! (Sie wendet sich gegen Sampiero, dann plötzlich umkehrend und Michelagnolo sich in die Arme werfend.) Angelo, mein guter, treuer Angelo, leb' wohl!

Sampiero.

Zu mir her, Vanina!

Vanina
(sich aufrichtend, ganz ruhig).

Hier bin ich, Sampiero!

Michelagnolo
(Sampiero'n, der Vanina an der Hand gefaßt hat und sie fort=
führen will, außer sich in den Weg tretend).

Du sollst — du darfst nicht —

Sampiero.

Der Himmel will es! Michelagnolo, gib Raum!

Michelagnolo
(nach einer kurzen Pause in rascher, heftiger Bewegung).

Wohlan, es sey; aber nun vernimm noch eins! Du
reißest Vanina hinweg aus den Armen ihrer Brüder!
Sieh dich vor! Unsere Liebe folgt ihr, wie dem Wan=
derer sein Schatten folgt; unser Argwohn wird lauernd
auf der Schwelle deines Hauses liegen, unser Haß wach=
sam seine Mauern umkreisen, und wenn du je vergäßest,
welches Blut in ihren Adern rollt, wenn du dich jemals
erfrechtest, nur eine Thräne ihrem Auge zu entpressen, so
wisse, daß ich es rächen werde, mit Feuer und Schwert,
daß ich keinen Weg verschmähen, kein Mittel verwerfen
werde, und wäre es Verrath und Hinterlist, dich zu er=

reichen, dich zu fassen mit diesen Händen, mein Schwert nachbohrend bis an's Heft in deine Brust zu tauchen, und dein Herz zu zerreißen in so viel tausend Stücke, als meines Flüche für dich ausbrütet! — Das schwör' ich, das halt' ich, das werd' ich, so wahr mir Gott helfe!

Sampiero.

Amen, sag' ich! Und nun hinweg, Vanina!
(Während er Vanina die Hand reicht und mit ihr dem Hintergrund links zuschreitet, fällt rasch der Vorhang.)

Fünfter Akt.

— — —

Marseille. Gemach im Hause Sampiero's. Rechts und links Thüren;
in der Mitte des Hintergrundes eine offenstehende Thüre, welche den
Anblick einer in das Innere des Hauses führenden Gallerie gewährt.
Rechts im Vordergrunde ein Tisch und Stühle; links gerade gegenüber
ein Lehnstuhl.

— — —

Erste Scene.

Sampiero und Antonio da San Fiorenza treten
aus der Seitenthüre rechts.

Sampiero.

Hast du die Freunde versammelt, wie ich dir geheißen?

Antonio
(auf die Thüre links hinweisend).

Vollzählig harren sie deiner dort im Gartensaale!

Sampiero.

Sie kamen, sagst du, und in welcher Stimmung
kamen sie? Welcher Geist belebt sie?

Antonio.

Kein besserer, als da du sie verließest! Erst zweifelten sie an deiner Wiederkehr, sie behaupteten, wärst du auch wirklich unschuldig, wie die im Nachlasse Calvese's aufgefundenen Papiere es bezeugten, so liebtest du doch Vanina zu sehr, um ihrem Anblick, ihren Liebkosungen, den Verheißungen Genua's widerstehen zu können. Als du sie aber Lügen straftest und mit Vanina zurückkehrtest, grollten sie, daß du dich drei Tage hindurch Jedem unzugänglich in deinem Hause eingeschlossen hieltest. Du scheutest dich, ihnen Rede zu stehen, meinten sie; du hättest weder die Stirne, die erwiesene Schuld Vanina's abzuleugnen, noch Entschlossenheit genug, von der Schuldigen dich loszusagen! Sie fragten, was bei diesen Umständen, bei deiner Schwäche für Vanina, bei ihrem fortdauernden nachtheiligen Einflusse auf dein Gemüth für Corsica's Befreiung zu hoffen wäre? — Mit einem Wort, erwarte keinen Erfolg von der Unterredung, zu der du sie beriefest. Sie gehorchten, aber ihre Willfährigkeit ist nur Trotz; sie kamen, aber sie kamen nur, fürcht' ich, um mit dir zu brechen. (Er hält inne, als ob er auf Antwort wartete; dann fortfahrend.) Du weißt wohl, daß die Felucke, die du für uns Verbündete zu Barcelona ankauftest, heute Nachts angekommen ist, und neben dem Fahrzeug, das dich von Algier herüber brachte, segelfertig im Hafen liegt? Auch haben sich drei und zwanzig Franzosen eingefunden, die sich deinem Unternehmen anzuschließen wünschen, wohlbewaffnete, kampflustige Männer! — Alles das ist nun freilich von Ueberfluß! — (Er hält wieder inne, nach einer Pause fährt er fort.) Auch von Corsica sind Nachrichten eingelaufen. Rebuffo und Imperiali, die neuen Commissäre, die Genua hinsandte, das Land zu verwalten, drücken das Volk mit unerschwinglichen Steuern. Kein Augenblick wäre günstiger gewesen, auch ohne auswärtige Hilfe, unserer eigenen Kraft vertrauend, Hand an's Werk zu legen! Und jetzt, gerade jetzt mußte dieser Augenblick kommen, wo Jene in thörichtem Argwohn versunken, die Waffen hinwerfen und Alles verloren geben! (Nach einer Pause zu Sampiero hintretend, der, die Arme über die Brust gekreuzt, in sich versunken dasteht.) Und du, du schweigst! Hörst du, Sampiero? Rede! — Sprich!

Sampiero.

Sprechen, Antonio? — Wir leben in einer Zeit, die Thaten fordert, nicht Worte!

Antonio.

Ich fühle in deiner Seele, Sampiero, und theile

deinen Schmerz! Gleichwohl wirst du dich entschließen müssen —

Sampiero.

Ich bin entschlossen!

Antonio.

Entschlossen? — Nun ja, dich auf eine würdige Weise zurückzuziehen, zur rechten Zeit abzutreten? Und was bliebe dir sonst auch noch übrig? Dein Bruch mit Jenen ist unvermeidlich und Alles ist vorüber!

Sampiero.

Vorüber? — Alles ist noch nicht vorüber! Geh' hin zu denen, die mich erwarten, und sag' ihnen: Sampiero werde kommen, und ihnen Rede stehen! Sag' ihnen das, und dann gehe nach dem Hafen! Sieh' zu, daß die Felucke noch vor Abend segelfertig sey, und heiße die französischen Freiwilligen sich zur Abfahrt bereit halten!

Antonio.

Wie, verwirrt dein Unglück dir die Sinne! Was hast du vor, was beginnst du? Sampiero, ich beschwöre dich —

Sampiero.

Geh' hin, sag' ich, und thue, wie ich dir sagte! (Da sich Antonio zögernd der Mittelthüre zuwendet, auf die Thüre

links hinweisend.) Dort hinaus! — (Antonio geht links durch
die Seitenthüre ab, sobald er abgegangen, schreitet Sampiero auf
dieselbe Thüre zu und schließt sie ab.) Der Augenblick ist da!
Ich kann nicht anders! — Drei lange Tage, drei bitt're
Nächte hab' ich's in mir herumgewälzt; alle Tiefen meines
Herzens habe ich befragt, alle Stimmen meiner Seele
habe ich gehört, die weichen Töne der Liebe, die Mah=
nungen der Erinnerung, und das Flehen des Mitleids;
aber der Donnerruf der Pflicht überschrie sie alle! Ich
muß es thun; ich hab' es geschworen! Ich darf es thun,
denn sie ist schuldig; sie hat meine Gebote überschritten,
sie hat meine Ehre gebrandmarkt! Ich soll es thun, denn
der Himmel hieß sie mir folgen, Gott selbst liefert sie
in meine Hände, und so will ich's thun! — Wenn ein
Ausweg wäre, nur ein schmaler, schlüpfriger Weg, der
am Schwindelrande der Tiefe hinführte! Aber es ist kein
Ausweg! Ringsum weit offen gähnende Klüfte und drü=
ben liegt Corsica! — Wohlan denn, ein Felsstück in
den Abgrund, daß eine Brücke werde! Fürchten müssen
sie mich, jene Feiglinge; zitternd vor mir im Staube
müssen sie liegen; so brauch' ich sie und so muß ich sie
haben! Es muß sein; ich kann nicht anders!

(Er tritt rasch an den Tisch und klingelt; ein Diener tritt aus der
Seitenthüre rechts.)

Sampiero.

Sind die Mauren im Vorgemach, wie ich ihnen geheißen? — (Auf die stumme Bejahung des Dieners.) Wohlan, so gehe und bescheide meine Gattin hierher!
(Der Diener geht durch die Gallerie ab.)

Sampiero
(nach einer Pause).

Und jetzt, alter Römersinn eines Brutus, erfülle mich vom Wirbel bis zur Sohle! Corsica wehe mich an mit deinem Athem, erfülle mein Ohr mit deinem Jammer, mein Auge mit deinem Elend, daß ich ein Mann sey, Stahl durch und durch, und Demant jede Fiber! — (Vanina erblickend, die in einem weißen einfachen Gewande in der Tiefe der Gallerie erscheint.) Da kommt sie! Weh' mir! Ihr Anblick entnervt mich, und meine Seele schaudert zurück vor der Stunde, die da kommen soll!
(Er wendet sich, das Antlitz in den Händen verbergend, in den Hintergrund links.)

Zweite Scene.

Sampiero. Vanina schreitet, aus der Gallerie her-
austretend, ohne Sampiero zu bemerken, langsam dem
Tische im Vordergrunde rechts zu und sinkt in den dar-
neben befindlichen Lehnstuhl.

Sampiero

(nach einer Pause sich ermannend schließt die in die Gallerie führende
Thür und versperrt sie; dann rasch in den Vordergrund tretend.)

Vanina!

Vanina.

Mein Gemahl!

Sampiero.

Vanina, ich habe dir etwas zu sagen!

Vanina.

Sprichst du wieder zu mir? Drei Tage sind es,
daß ich dich nicht sah, nicht den Klang deiner Stimme
vernahm.

Sampiero.

Ich habe dir etwas zu sagen, Vanina!

Vanina

(nach einer Pause sich in den Stuhl zurücklehnend).

Sag' es, Sampiero, ich höre!

Sampiero.

Ich habe dir zu sagen — Nein, ich kann nicht! Dein Auge verwirrt, dein Athem betäubt mich! Alle Bilder der Vergangenheit stehen vor meiner Seele, die Tage unserer ersten Begegnung treten mahnend an mich heran; ja, alle Melodieen deiner Worte kehren mir wieder! Ich sehe dich vor mir, wie du warst, wie du sanft erröthend in deiner Schönheit schwellender Blüthe an meiner Brust lagst! Und jetzt — jetzt — jetzt! — Damals — weißt du, als ich vom Altar dich heimführte, da saßest du wie jetzt, und Entzücken zog mich zu deinen Füßen nieder und Wonnethränen perlten mir im Auge — Jetzt aber — jetzt überfluthet herber Schmerz meine Wangen, jetzt wühlt Entsetzen in meinem Haar, jetzt wirft Verzweiflung vor dir mich nieder —

(Er sinkt schluchzend zu ihren Füßen.)

Vanina
(die während der letzten Rede bewegungslos in den Lehnstuhl zurück-
gelehnt dagesessen, nach einer Pause, ohne ihre Stellung zu verändern).

Was hast du mir zu sagen, Sampiero?

Sampiero
(auffspringend).

Sampiero! Recht, das brauchte ich! Der Aufruf weckt mich vom Traume! Sampiero heiß' ich und Sampiero bin ich, der wilde Corse Sampiero! Weg, feige

Wehmuth! Thränen sind nur Wasser, Worte sind nur Wind! Und so vernimm denn, du Unglückselige, was ich dir zu sagen habe — du mußt sterben, Vanina!

Vanina.

Ich weiß, daß meine Stunde gekommen ist; ich wußte es, als ich das Haus meiner Brüder verließ; ich wußte es, als ich über diese Schwelle schritt, daß der Tod mich erwarte.

Sampiero.

Ja, er erwartet dich! Ich bin dein Herr und Gatte und du hast meine Gebote überschritten; du hast mit Genua unterhandelt, du hast meine Ehre befleckt, Zwietracht ausgesäet zwischen mir und Corsica! Die Gerechtigkeit will es, du mußt sterben —

Vanina

(sich erst langsam im Lehnstuhle aufrichtend, dann allmälig sich erhebend und auf Sampiero zuschreitend).

Die Gerechtigkeit? Sampiero, die Gerechtigkeit! — Ist es der Erfolg, der über Recht und Unrecht entscheidet, oder die Absicht? Der Stein, der meinen müden Händen entsinkt und fallend tödtet, macht er mich zur Mörderin? Hab' ich gethan, was zufällig aus meiner That emporwuchs? Hab' ich dich nicht retten, nicht dein Leben mit dem Preis des meinigen erkaufen wollen?

Oder zweifelst du, daß ich's wollte? — Wahnbethörter, weißt du es nicht, oder willst du es nicht wissen, muß ich dir sagen, warum ich sterbe? Nicht, weil ich schuldig bin, weil du die Früchte jahrelanger Bemühungen nicht aufgeben, weil du die Herrschaft über jene Feigherzigen wieder erringen willst, weil Corsica dir Alles ist, und ich dir nichts mehr bin — das ist es, Sampiero, darum muß ich sterben.

Sampiero.

Du lügst, du lügst! Es ist nicht, wie du sagst, es ist nicht! — Und wenn es wäre, gilt es nicht das Vaterland? Hab' ich es nicht beschworen, mit hohen Eiden beschworen, Corsica über Alles!

Vanina.

Und mir, hast du mir nicht auch geschworen, mir nicht am Altare Liebe und Treue geschworen, mich zu beglücken geschworen, wie noch kein Weib beglückt ward auf Erden, und was ward nun aus deinen Schwüren? Und Corsica über Alles! Darf es dir denn über Alles gehen? Du bist ein Mensch, weißt du, was dir das Höchste sein muß? Das wahrhaft Menschliche! — Noch mehr; wenn nun die Zeit meine Ankläger beschämte, die geträumten Makel deiner Ehre austilgte, wenn du blos zuzuwarten brauchtest — doch, was streue ich ohnmächtige Worte in den Sturm deiner Seele? Du kannst nicht zuwarten! Du brauchst meinen Tod, wie das Licht der Sonne, wie den Athem der Lüfte; du brauchst ihn, um zu leben, und du sollst ihn haben! Du weißt, ich hätte fliehen, ich hätte mich deinem Zorn entztehen können, aber ich folgte dir; freiwillig und bewußt ging ich meinem Schicksale entgegen; erfülle es sich nun! Hier ist mein Leben; mit dem Verluste deiner Liebe ward es mir werthlos; ich schenk' es dir, nimm es hin!

Sampiero.

Schenken, schenken! Gleich viel, geschenkt oder genommen, gerichtet oder gemordet! Du mußt sterben! Es ist gesagt und soll gethan seyn! (Er geht rasch an den Tisch und klingelt; zwei maurische Sclaven treten aus der Thüre rechts; zu den Sclaven.) Thut, wie ich euch geheißen!

Vanina
(zu den Sclaven, die zwei Schritte vorgetreten sind).

Halt, zurück! Schergen sollen mich hinschlachten, unwürdige Sclavenhände sollen dies Herz durchbohren, das nur für dich schlug; den Leib berühren, den nie eines Mannes Hand berührte, als die deine! Bist du ein Mann, Sampiero, und hast nicht den Muth, zu vollbringen, was dein Herz beschlossen! Hinweg mit euch, hinweg!

(Auf einen Wink Sampiero's entfernen sich die Sclaven.)

Vanina

(erschöpft sich auf den Lehnstuhl links stützend, nach einer Pause).

Habe Dank, Sampiero!

Sampiero.

Dank, Dank sagst du! — Verhöhnst du mich, oder meinst du, nun wäre Frieden zwischen dir und mir? Nein, dein Urtheil ist gesprochen! Du mußt sterben! — Deine Zeit ist um; sprich dein Gebet, Vanina!

Vanina.

Ich habe gebetet! Mein Herz ist rein, mein Gewissen ist ruhig, und Muth, Muth hab' ich! Warf ich doch Alles für dich hin, den Glanz der Geburt, die heitere Blüthe meiner Jugend, allein Frieden, alle Freuden meines Lebens, was sollte ich kargen mit dem Rest? Zög're nicht länger, stoß' zu! Ich habe nichts mehr zu verlieren, mich hält — (Innehaltend, dann plötzlich aufschreiend.) Meine Kinder! O, meine Kinder!

Sampiero.

O Jammer, nicht zu fassen, Qual, nicht zu tragen!

Vanina.

Meine Kinder, meine Kinder! — Sampiero, wirst du für sie leben, wenn ich für dich sterbe, wird deine Sorge sie bewachen, wirst du sie nicht auch wie mich deinem Corsica hinopfern? Sampiero, wenn unser ganzes Leben Zwiespalt war, in Einem laß uns Versöhnung finden, in Einem vergilt mir die herbe Täuschung meiner Liebe, meine einsamen Thränen, mein gewaltsames Ende! Schwör' es mir, Sampiero, schwör' es in die Hände der Sterbenden, daß du meine Kinder lieben willst, wie ich sie geliebt hätte, daß du ihnen Vater sein willst, ein treuer, gütiger, fürsorgender Vater, wie der im Himmel ist, zu dem ich gehe!

Sampiero.

Ich schwöre es dir, Vanina, bei der qualvollen Angst dieser Stunde, bei dem Zucken meines blutenden Herzens; ich will sie lieben, wie ich Corsica liebe, ich will sie zu Männern machen, zu kühnen, entschlossenen, freien Männern! Und dich — dich sollen sie lieben noch im Grabe, verehren sollen sie dich wie eine Heldin, wie eine Heilige, die muthig Gott vertrauend für Recht und Freiheit, für Corsica in den Tod ging —

Vanina.

Nein, nein sag' ich, nein! — Nicht für Corsica, für

dich sterb' ich, Sampiero, nur für dich! Corsica — Corsica — Wie es siedet, wie es emporgährt in meinem Herzen, wie es nach Luft, nach Worten ringt, wie es mit Wollust von meinen Lippen strömt das Geheimniß, der Fluch meines Lebens! — Corsica, sagst du — Was ist mir Corsica am Rande des Grabes? Ein ohnmächtiger Name, ein Name, der dich hinriß, deinen Wohlstand, deinen Ruhm, dein Leben an ein Phantom zu setzen, das du nie fassen, nie festhalten wirst, denn Corsica's Freiheit steht nicht im Buche des Schicksals!

Sampiero.

Halt' ein, sag' ich!

Vanina.

Corsica — Was ist mir Corsica als die Wiege meines Elends, das Grab meines Glückes, ein unwirthbares Eiland, eine Wildniß, bewohnt von Raubthieren und von Menschen, unzähmbar und grausam, wie sie —

Sampiero.

Du lästerst, bei meinem Zorne —

Vanina.

Droh' denen, die leben wollen; ich, die Todgeweihte, sage dir, wie ich dich liebte, so hasse ich Corsica, wie ich in heißer Sehnsucht nach meinen Kindern die Arme

ausstrecke, so verabscheue ich Corsica, wie ich aus tief
ster Seele für sie, für dich Segen vom Himmel herab
flehe, so fluch' ich, fluch' ich Corsica —

Sampiero
(außer sich vor Zorn ihr den Dolch in die Brust stoßend).

Unselige, stirb und schweig'!

Vanina
(taumelt zurück und sinkt an dem Stuhle links, allmälig hinabglei=
tend zu Boden.)

Da fließt es hin, das Blut der Ornano! — Vielleicht,
vielleicht, du edles Blut, bist eben du das Uebel, an dem
ich sterbe! Es gibt eingebornen Haß und — eingeborne
Liebe, und nur im Tode ist Versöhnung! — Und so
ströme, ströme denn hin und möge es dir Segen bringen —
Segen — aber ich fürchte — Hüte dich vor meinen
Brüdern — hüte dich — meine Kinder, o meine Kinder!
(Sie stirbt.)

Sampiero
(der nach geführtem Stoße, den Dolch in der Hand, wie erstarrt da=
gestanden).

Vanina — Vanina! — Vergebens! Ihre Seele schwamm
hin auf den Wellen ihres Blutes, sie hört meinen Ruf
nicht mehr! Und Segen soll diese That mir bringen —
Segen — mit mir ist kein Segen mehr, kann kein Segen
mehr seyn! Diese Hand wird weder den Lorbeer des

Sieges, noch die Palme des Friedens über Corsica schwingen, denn sie ist blutig, sie ist verflucht diese Hand! Nicht mehr beschützen und befreien, nur strafen und rächen ist fortan ihr Amt, und sie wird strafen und rächen! — Ueber Genua dies Blut, denn Genua hat es vergossen! (Er geht rasch auf die Thüre links zu, öffnet sie und ruft hinaus.) Herein, ihr Alle, herein!

— —

Dritte Scene.

Antonio da San Fiorenzo, Leonello da Bozzi, Andrea Gentili und andere Verbannte treten rasch ein.

Antonio
(bei Vanina's Anblick).

Herr Gott im Himmel!

Leonello.

Entsetzlich! Grauenvoll!

Sampiero
(der indeß wieder an Vanina's Leiche getreten).

Ihr klagtet sie an, und ich habe sie gerichtet! Ihre Schuld war, daß sie Sampiero'n mehr liebte als Corsica; sie hat sie gebüßt! — Ist noch einer unter euch, der glaubte, ich hielte mit Genua, ich hätte in Vanina nur eine Mitschuldige ermordet, der gehe hin, ich entbinde ihn seiner Gelübde! Ich meines Theiles gehe noch heute mit einem Häuflein entschlossener Männer zu Schiffe, auf corsischer Erde den Tod zu finden, den ich suche, den ich brauche! —

Antonio.

Du sollst nicht allein gehen!

Leonello.

Wir folgen dir, Sampiero!

Die Uebrigen
(tumultuarisch).

Wir wollen mit dir siegen oder sterben!

Sampiero.

Siegen! — Wir werden nicht siegen! Folge mir keiner, der zu siegen hofft! Aber wollt ihr euch rächen, euch satt trinken an Genueserblut, wollt ihr mit mir für Corsica sterben, so seyd mir willkommen! Zu Schiffe denn! Erst aber knieet noch nieder an ihrer Leiche, erfüllt eure Seelen mit dem Jammer dieses Anblickes, prägt ihre edlen Züge euch ins Herz, daß der Gedanke, der ihr den Tod gab, belebend euch durchdringe, daß er emporzucke aus jedem Schlag euerer Herzen, daß er Mark und Kern eueres Lebens werde, wie er Mark und Kern des meinen ist, der eine Gedanke: Corsica über Alles!

Die Corsen
(an Vanina's Leiche knieend).

Corsica über Alles!

(Der Vorhang fällt.)

Eine Königin.

Dramatisches Gedicht in vier Akten

und einem Nachspiel.

Recte facti fecisse merces est.
Seneca.

Seinem hochverehrten Oheim

Joachim Eduard

Grafen von

Münch - Bellinghausen

in

Liebe und Dankbarkeit

gewidmet

vom Verfasser.

Zueignung.

———

Viel dank' ich Dir! Oft hab' ich's tief empfunden,
  Und gern bewährt' ich Dir's in Wort und That;
    Doch nur Beglückten reift des Wunsches Saat,
Und Ohnmacht hielt die Flügel mir gebunden!

So wuchsen mir zu Jahren Tag' und Stunden,
  Und endlich, folgend meines Herzens Rath,
    Komm' schüchtern ich mit diesem Kranz genaht,
Den edler Selbstverleugnung ich gewunden!

Nimm huldvoll hin, was Dankbarkeit Dir reicht,
Und wiegt die arme Gabe auch zu leicht,
Nach Würden Dich und Deinen Werth zu ehren,

Des Gebers Sinn erwägend zürne nicht;
Und was ihr an Gehalt und Reiz gebricht,
Laß schmückend Deinen Namen ihr gewähren!

Carlsbad, den 20. Juli 1856.

E. M.

Eine Königin.

(Unter dem Titel Donna Maria de Molina zum ersten
Male aufgeführt auf dem Hofburgtheater zu Wien
am 2. März 1847.)

Perſonen.

Don Fernando IV., König von Caſtilien und Leon.

Donna Maria de Molina, ſeine Mutter, Witwe des König Sancho
von Caſtilien und Reichsverweſerin.

Infant Don Enrique,
Infant Don Juan,
} Oheime des Königs.

Don Diego Lopez de Haro, Herr von Biskaya.

Don Melendo de Mendoza, Kanzler.

Don Juan Caravajal,
Don Pedro, ſein Bruder,
Don Lope Benavides,
} Anhänger Donna Maria's.

Don Manrique Lara.

Don Gonzalo de Padilla.

Hernando Diaz, ein biskayiſcher Ritter.

Baruch Aben Esra, Leibarzt des Königs.

Ramon, ein Kaufmann.

Ritter. Bürgerſchafts-Abgeordnete und Bürger von Leon. Bewaffnete.

Zeit der Handlung: In den erſten vier Akten das Jahr 1295, im Nach=
ſpiel das Jahr 1303. — Schauplatz: Im erſten Akte zu Leon, im zweiten
und dritten im königlichen Palaſt zu Toledo, im vierten Akte auf dem
Schloſſe Eskobedo, im Nachſpiel auf dem königlichen Witwenſitz
Aranda.

Erster Akt.

Saal in der königlichen Burg zu Leon. Im Hintergrunde der Bühne
links und rechts als Eingänge Spitzbogen mit Vorhängen verschlos=
sen. Rechts in einer geräumigen Nische, auf einer breiten Estrade,
zu der Stufen hinaufführen, unter einem Baldachin ein Thronsitz,
neben welchem rechts ein mit rothem Sammt überhangenes Tischchen
steht. Links der Nische gegenüber eine Seitenthüre; daneben im
Vordergrunde links ein Fenster; an den Wänden sind Fahnen und
Waffen aller Art aufgehangen.

Erste Scene.

Der Kanzler Mendoza und Don Diego Lopez de Haro
(treten durch den Eingang links auf).

Mendoza.

Wir sind zur Stelle! Ungesehen,

Wie euer Wunsch war, führt' ich in Leon's

Vom Feind bedrängte Mauern euch herein;

Nun aber laßt auch mich gewähren; laßt

Mich schwelgen, Herr, im Anblick eurer Züge,
Der wohlbekannten, langentbehrten Züge!
Nicht solche Freude dacht' ich zu erleben,
Als jener Pfeil in meine Kammer fiel
Und mich das Blatt, um seinen Schaft gewunden,
An's Pförtchen nächst dem Münsterthor beschied!
Nicht euch, Biskaya's Herrn, nicht Don Diego,
Den oft mein Knie geschaukelt, dacht' ich dort
Zu finden, und ihr wart es, wart es doch!
Zurückgekehrt aus fremden Landen kaum,
Vernehmt ihr von der Königin Bedrängniß,
Und sammelt eilig eine Reiterschaar,
Und sprengt hierher, um Hülfe ihr zu bringen!
Denn darum kommt ihr doch? Ihr kommt doch, Herr,
Ein Retter der Bedrängten zu erscheinen?
Ihr seyd der Unsern Einer? Seyd Ihr's nicht?

Don Diego.

Mein letzter Tropfen Blutes, schwör' ich dir,
Mein letzter Athemzug ist für Maria!
Nun aber sprich, erzähle — denn es schwankt,
Betäubt vom ersten Eindruck jener Kunde,
Noch zwischen Traum und Wachen mir die Seele —
Erzähle mir, wie Alles sich begeben,

Vom jähen Tod des Königs. — War's nicht so?
Ein heftig Uebel, hieß es, hätte rasch
Ihn aufgerieben?

Mendoza.

Und so war es, Herr!
Zum Einfall in der Mauren Land sich rüstend,
Bricht schweres Siechthum plötzlich zu Toledo
Des Königs frische Kraft, und in zwei Tagen
In seiner Jahre Blüthe rafft's ihn weg.

Don Diego.

Und sie — die Königin! — Wie nahm sie, rede,
Den raschen Wechsel ihres Schicksals hin?
Denn wie auch Kriegsruhm strahlend ihn umgeben,
Ein rauher Gatte war der König ihr,
Und wenig zärtlich pries man ihre Ehe!

Mendoza.

Sie war nicht zärtlich — doch die Königin
Erzwang sich Achtung, wo ihr Liebe fehlte.
Mit treuer Sorge unermüdet hielt
Den Gatten sie umgeben bis an's Ende
Und ihren Händen übergab er sterbend
Fernando, seinen Sohn, und die Regentschaft,
Sofern sie nicht zu neuem Eh'bund schreitet

Don Diego.

Was sagst du? Wie, soll über's Grab hinaus
Noch seine Laune ihre Freiheit zwingen?

Mendoza.

Nicht seine Willkür, Herr! Castiliens
Uralte Satzung ist es, die der Mutter
Des minderjähr'gen Königs Schutz und Schirm
Und seines Reiches Obhut und Verwaltung
So lang' nur einräumt, als sie Wittwe bleibt;
Vermählt sie sich, so tritt an ihre Stelle
Der nächste der Agnaten als Regent.

Don Diego.

Der nächste der Agnaten! Recht, ganz recht!
So will es das Gesetz, die Neigung aber —
Fahr' fort! Erzähl' mir, was sich sonst begeben!

Mendoza.

Der König starb zur Nacht, und Morgens d'rauf
Nicht lange sich besinnend, rasch und fest
Ergreift die Königin der Herrschaft Zügel;
Erläßt dem Volk der Kriegessteuern Last,
Gefang'nen öffnet sie des Kerkers Thore,
Und ruft Verbannte heim in's Vaterland;
Streng, wo es Noth thut, milde, wo sie darf.

Belohnt, bestraft sie. Beifall jauchzt das Volk,
Des Reiches Große, die Infanten staunen;
Die sonst dem Grimm des Königs Trotz geboten,
Betroffen fühlen sie von einem Weib
Sich eingeschüchtert, die nicht zürnt, nicht droht,
Die überwindet mit der Stimme Zauber,
Die siegend mit dem Strahl des Auges zwingt!

Don Diego.

So ist sie! Ja, so kenn' ich sie!
So faßt und hält ihr hoher Geist die Seelen;
Ihr unterworfen fühlt sich, wer ihr naht,
Und liegt wie einer Heil'gen ihr zu Füßen!

Mendoza.

Nichts Heil'ges kennt der Ehrsucht wilder Drang;
Wie weise auch die Königin regiere,
Allmälig flüstern Stimmen da und dort:
Verbotener Verwandtschaft wegen sey
Der Kön'gin Ehe mit Don Sancho nichtig,
Ihr Sohn ein Bastard nur —

Don Diego.

Verruchte Frevel!

Mendoza.

Betrogen um die Hoffnung der Regentschaft

Erheben die Infanten jetzt ihr Haupt;

Don Juan, Don Sancho's Bruder, wagt zuerst

Die Krone anzusprechen; gleiche Gier

Erfaßt Don Sancho's Oheim, Don Enrique,

Die Grafen de la Cerda, seine Neffen.

Nun tritt auch Portugal, tritt Aragon,

Auf altes Erbrecht pochend, in die Schranken.

Fünf Könige statt einem drohen plötzlich

Der Königin, dem wildverwirrten Land,

An dessen Mark, der Gräuel Zahl zu mehren,

Noch überdies der mächtigen Padilla's,

Der Lara's Habsucht grimm zerfleischend zehren!

Don Diego.

Mit Zorn und Abscheu hör' ich dich! Und sie,

Wie trug sie dies Geschick? Allein, verlassen,

Wie trotzte sie des Sturmes lauter Wuth?

Mendoza.

Nicht tollkühn, noch verzagend harrte still

Sie seines Ausbruchs, denn es scheuten noch

Der Fürstin Anseh'n zögernd die Verräther,

Und wagten nicht vom Wort zur That zu kommen;

Ja, Beide, Don Juan wie Don Enrique,

Bewarben sich um ihre Gunst; noch mehr —

So weit geht toller Ehrsucht Wahnverblendung —
Zum Bunde gegen ihres Sohnes Rechte,
Als Gatte bietet jeder ihr die Hand.

Don Diego.

So hört' ich auf dem Heimweg und ich knirschte,
Und knirschend hör' ich's wieder! Diese Räuber
Die Hand ihr bieten —

Mendoza.

      Stolz verachtend wies
Die Kön'gin sie zurück, und nun entlud
Sich das Gewitter! Sonst entzweit, zum Bund
Nun reichen die Infanten sich die Hände;
Bei Nacht und Dunkel übersteigen sie
Toledo's Mauern, stürmen San Cervantes,
Bemächt'gen sich der Stadt; mit Mühe nur,
Ihr Kind im Arm, gelingt's der Königin,
Auf schnellem Roß den Feinden zu entrinnen;
In diese Mauern flüchtet sie und seht —
      (Auf das Fenster hindeutend.)
Wie Wölfe lauernd um die Hürde kreisen,
Umschloß alsbald sie der Infanten Macht.

Don Diego.

Und ich war fern! Gefahr bedrohte sie,

Und ich, in Unmuth müßig mich verzehrend,

Ich Thor, war fern! — Nun aber bin ich hier,

Und wahr' sich vor dem Eisen des Biskayers,

Und seh' sich vor, wer ihr entgegen tritt!

Mendoza.

Wohlan, so säumt nicht länger; laßt die Euren,

Die wohlversteckt im Walde draußen lauern,

Mit uns beherzt der guten Sache dienen;

Denn bieten Unterhandlung gleich die Feinde,

Hier wird das Wort nicht, fürcht' ich, nur das Schwert

Entscheiden —

(Fanfare außer der Bühne.)

Horch, da sind sie schon!

Don Diego.

Und wen

Verkünden diese Hörner?

Mendoza.

Die Infanten,

Die frei Geleit sich von der Königin

Erbeten, noch einmal zu friedlichem

Vergleich sie zu bewegen —

(Am Fenster.)

Ja, sie sind's;

Sie schwingen sich vom Roß! — Ich eile, Herr,

Der Kön'gin ihre Ankunft zu verkünden,
Und da in diesem Saal sie den Infanten
Gehör zu schenken denkt —

Don Diego.

Die Königin!
Hier, sagst du, hier! Ich soll sie sehen, jetzt
Sie sehen, ihrer Stimme Klang vernehmen?

Mendoza.

Was habt ihr? Was bewegt euch?

Don Diego
(in heftiger Bewegung).

Jetzt sie sehen!
(Sich fassend.)

Mendoza, nicht vor Fremden möchte ich
Zuerst nach langer Trennung sie begrüßen!
Ich will, ich kann nicht! Schaffe Rath, daß ich
Allein und ungestört die Kön'gin spreche!

Mendoza.

Ihr wollt allein sie sprechen? Nun wohlan,
(Die Seitenthüre links öffnend.)

Verzieht hier im Gemach, und wartet ab,
Bis jene sich entfernten! Säumt nicht länger!
Da sind sie schon! Hinweg zur Königin!

Zweite Scene.

(Während Mendoza, nachdem er die Thüre hinter Don Diego zuge=
drückt, rechts im Hintergrunde abgeht, treten durch den Eingang
links im Hintergrunde die Infanten Don Enrique und Don Juan
mit ihrem Gefolge ein; sie begleiten Don Juan Caravajal,
Don Pedro Caravajal, Don Lope Benavides und andere
Ritter von der Partei der Königin, alle bewaffnet mit Panzerhem=
den und Helmen.)

Don Juan Caravajal.

Vergönnt mir nochmals, vielerlauchte Herren,

Im Namen meiner königlichen Herrin

Willkommen euch zu nennen in Leon!

Infant Don Juan.

Und du, Don Juan Caravajal, du selbst,

Du nennst mich nicht willkommen? Und auch ihr,

Don Pedro und Don Lope und ihr Andern,

In mancher heißen Schlacht mir Kampfgenossen,

Ihr wendet trotzig euren Blick von mir?

So seyd ihr noch nicht müd' der Weiberherrschaft

Und zieht noch vor, euch einer Kinderklapper

Zu beugen, einem Fächerschlag zu schmiegen,

Als mannhaft einem rechten Mann zu dienen?

Bequemer freilich ist's —

Don Lope.

Sich seiner Pflicht,

Wie ihr, durch Treubruch, meint ihr, zu entschlagen?

Infant Don Juan

(die Hand am Schwerte).

Verwegener —

Don Enrique.

Ruhig, Neffe! Hört mich an,

Ihr edle Herren, und ihr dort, ihr

(Auf die Rathsherren und Bürgerschaftsabgeordnete der Stadt Leon
hinweisend, die mittlerweile durch den Eingang rechts geräuschlos
eingetreten sind.)

Leons

Getreue Bürger, achtet meiner Worte,

Der Stimme der Erfahrung und des Friedens;

Ergebt nicht wildem Hader der Parteiung

Die edlen Seelen! Nicht von Haß noch Neigung

Laßt euren Sinn verblenden; faßt besonnen

Mit klarem Blick des Landes Nothstand auf,

Und bietet uns die Hände, ihm zu steuern.

Don Pedro.

Und wer als ihr rief ihn hervor, Infanten?

Don Enrique.

Zum Streit nicht, zur Versöhnung sind wir hier;

Prüft unser Recht, bevor ihr es verwerft,
Hört uns're Gründe —

Don Juan Caravajal.

Tragt der Königin
Sie vor! Hier naht sie; gegen sie entsendet
Des Wortes Pfeile, die an uns verschwendet!

———

Dritte Scene.

Die Vorigen; die Königin Donna Maria

(tritt in der Nische aus dem rechts hinter dem Thronsitze befindlichen
Vorhange hervor, schreitet bis an den Rand der Estrade vor, und
bleibt an dem mit Sammt behangenen Tischchen stehen).

Don Enrique
(knieend).

Auf meinen Knieen, Herrin, grüß' ich dich!

Infant Don Juan
(ebenfalls knieend).

Obwohl dein Gegner, in den Staub vor dir
Zwingt Ehrfurcht, zwingt Bewunderung mich nieder!

Donna Maria.
Was bringt ihr mir? Steht auf und sprecht, Infanten!

Infant Don Juan.

Du weißt es, was wir fordern, Königin,

Und was, versagst du's mildem Friedensworte,

Gewalt der Waffen uns erringen soll.

Das Recht der Gothen, die dies Reich gegründet,

Gesteht es gleich dem Heldenstamm Pelayo's

Ein Erbrecht auf Castiliens Krone zu,

Behielt dem Volke Eines doch bevor,

Nicht blind den Launen der Natur zu fröhnen,

Als Männer stets nur einen Mann zu krönen;

Schon mehr als einmal mußt' ein Königssohn,

Gebrach es ihm an Kraft und reifen Jahren,

Des Vaters Herrschersitz dem Oheim räumen;

Ein Gleiches fordern wir von deinem Sohne!

Was soll ein Kind auf Spaniens Herrscherthrone,

Was soll der Scepter in des Weibes Hand?

Wer schützt als wir das feindbedrängte Land,

Und wer es schützt, der trag' auch seine Krone!

Don Enrique.

Und überdies — vergönnt mir, hohe Frau,

Des Umstands zu erwähnen — überdies

Im vierten Grad verwandt mit eurem Gatten

Und der Dispens bisher noch nicht gewürdigt,

Ist eure Ehe — irr' ich anders nicht —
Nach menschlichem, wie göttlichem Gesetze
Ungültig, null und nichtig; euer Sohn
Daher — erlaubt mir's grad' heraus zu sagen —
Nicht mehr noch wen'ger als ein Bastard nur,
Und ohne Recht und Anspruch auf die Krone —

Don Juan Caravajal.

Ihr wagt es —

(Unruhige Bewegung unter den Rittern der Königin.)

Don Pedro
(vortretend).

Tod und Teufel!

Don Lope
(die Hand am Schwerte).

Dulden wir's —

Donna Maria.

Zurück, und laßt sie reden!

Infant Don Juan
(zu den Rittern der Königin).

Spart ihr dort

Die Flamme eures Zornes für den Kampf,
Mit dem von fern und nah Castiliens Feinde
Das Reich bedrohen;

(zur Königin)

  denn erfahre, Herrin,
Der Maure rückt in's Feld; es rüsten sich
Die Grafen de la Cerda, Portugal
Wie Aragonien ergreift die Waffen!
Das Recht ist gegen dich und auch die Macht
Gebricht dir, Königin! Besiegtest du
Auch unser Heer, das rings Leon umzingelt,
Vier Feinde blieben noch dir zu besiegen!
Gib auf, was unerreichbar! Lang' genug
Und rühmlich führtest du des Sohnes Sache,
Und wie erst kühn, so zeig' dich nun auch klug!

Don Enrique.

Ergib dich, Königin, dem Drang der Noth!
Laß deinen Sohn die Herrschaft niederlegen,
Und uns das Land beschützen und beschirmen,
Und nicht an Städten, Burgen, reicher Habe
Soll dir's gebrechen je, noch deinem Sohne,
Zu leben königlich auch ohne Krone!

Infant Don Juan.

Noch mehr; bleib' Königin, wie du's gewesen!
Gestatt' uns, uns're Werbung zu erneuern,
Wähl' Einen von uns Beiden zum Gemahl,

Und herrsch' beglückend mit dem Glücklichen,

Die Mutter künft'ger Kön'ge, wie zuvor

Du segnend an Don Sancho's Seite herrschtest! —

Und nun genug, dort lagert unser Heer;

Entzügeln wir die kampfbegier'gen Schaaren,

So sei gefaßt, das Schlimmste zu erfahren! —

Wir harren der Entscheidung, sprich sie aus! —

Donna Maria
(nach einer Pause).

Ihr treuen Bürger dieser guten Stadt,

Und ihr, Leon's Beschützer, edle Herren,

Ihr hörtet diese, höret nun auch mich!

Wär' ich ein Weib wie andere, und blind

Aus Uebermaß von Liebe für mein Kind,

So fleht' ich nun: Glaubt diesen nicht, sie lügen!

Beschützt uns! Laßt um's Vatererbe nicht,

Um Vorrecht und Gewalt mein Kind betrügen!

Und also sprechend, rauft' ich mir das Haar,

Und heiße Thränen strömten mir vom Auge;

Ich aber zwing' des Herzens Unruh' nieder,

Denn Eins erkenn' ich klar in tiefster Seele,

Wie and're Güter nicht vererben Kronen,

Und nicht um Mein und Dein blos streiten wir;

Hier gilt es eines Volkes Wohl und Weh',

Hier gilt es Spaniens Heil und Spaniens Ehre!

Und lieber wollte ich, was Gott verhüte,

Mit meinem lieben Kind in Noth verderben,

Als herrschend Spanien Schmach und Gram erwerben!

Und drum vernehmt: Im Namen meines Sohnes

Entbind' ich feierlich euch eurer Schwüre

Und eurer Treue gegen mich und ihn;

Er sey nicht König, wenn im Drang der Zeit

Ein Besserer die Krone würd'ger trüge!

Don Lope.

Wie, Königin —

Don Juan Caravajal.

Was sagst du —

Don Pedro.

Wie, du wolltest —

Don Enrique.

Still dort, ihr Herr'n, und laßt die Fürstin reden!

Donna Maria.

Dort stehen meines Sohnes Mitbewerber

In Fülle der Erfahrung und der Kraft,

Gereifte Männer, löwenkühn der Eine,

Der Andre klug wie Schlangen, stehen sie

Der Witwe und der Waise gegenüber,

Und sorgend sehen sie Castiliens Krone
Auf eines Kindes Haupt; denn nur ein Kind,
Entsproß es gleich wie sie dem Stamme Pelayo's,
Blitzt gleich des Vaters Geist aus seinen Augen,
Ein Kind doch nur trägt ihren stolzen Schmuck,
Ein thöricht Kind, gelenkt von einem Weibe!
Wählt besser denn: braucht euer Gothenrecht,
Gedenket nicht des Wonnejubels mehr,
Mit dem einst himmelstürmend, erderschütternd,
Ihr dieses Kindes ersten Schrei begrüßt!
Gedenkt nicht Sancho's mehr und seines Blutes,
In mancher heißen Schlacht für euch vergossen,
Auch meiner nicht, die wie für ihren Sohn —
Bezeugt es mir — für seine Völker auch
Ein Mutterherz im Busen stets getragen:
Thut eure Pflicht! Stoßt Sancho's Kind vom Throne,
Und Männer einem Mann reicht seine Krone!

Don Juan Caravajal.

Nein, hör' uns, Königin —

Don Lope.

Du mußt uns hören —

Donna Maria.

Wählt Don Enrique hier, Don Sancho's Oheim!

Beugt Alter auch das graue Haupt ihm nieder,

Gebricht's an Thatkraft auch dem welken Arm,

An wohlgesetzten Worten fehlt's ihm nicht:

Auch Ränke weiß er listig anzuspinnen,

Weiß Netz und Schlingen seinem Feind zu stellen,

Und seine Schuld ist's nicht,

   (eine Rolle, die sie mitgebracht emporhaltend)

      wenn die Dispens,

Die meine Ehe mit Don Sancho kräftigt

Und erbesfähig meinen Sohn bewährt,

Ich endlich hier euch zeige; denn nur er,

Er war's, der lange Jahre wohlberechnend

Im Stillen die Ertheilung hintertrieb —

    Don Enrique.

Verleumdung, Königin! Wer dürfte frech

Behaupten —

    Don Pedro.

   Haltet Frieden —

    Don Lope.

      Ruhe dort,

Und laßt die Kön'gin reden!

   Mehrere von den Rathsherren und Bürgern.

     Stille, stille!

Donna Maria.

Wie, oder zieht ihr diesen vor, Don Juan,

Don Sancho's Bruder? Wer gestünde nicht

Entschlossenheit, Ausdauer, Muth ihm zu?

Wer böte kräftiger dem Feind die Spitze,

Wer schirmte besser das bedrängte Land?

Vergeßt nur, wenn ihr könnt, wie um Empörung

Und Aufruhr aus Castilien verbannt,

Mit einem Maurenheer er rachedürstend

In's Land hereinbrach; wie den Sohn Gusmans,

Ein wehrlos Kind, er vor Tarifas Wall

Zu morden drohte, wenn sein Vater nicht

Die feste Stadt den Mauren übergäbe,

Und wie er wirklich — schaudernd sprech' ich's aus —

Als treu Gusman bei seiner Pflicht verharrt,

Im Angesicht des Greises seinen Knaben

Enthaupten ließ! Vergeßt es, wenn ihr könnt,

Und wollt ihr den zu eurem König haben,

So habt ihn nur und sey er euch vergönnt!

(Tumultuarische Bewegung der Anwesenden gegen die Infanten hin.

Mehrere von den Rathsherren und Bürgern.

Verruchte Gräuel!

Andere Stimmen.
Nieder mit Don Juan!

Andere Stimmen.

Mit Beiden nieder! Weg mit den Infanten!

(Die Infanten und ihr Gefolge ziehen.)

Infant Don Juan.

Zurück, Verräther! sag' ich

Don Enrique.

Gebt ihr so

Uns frei Geleite?

Infant Don Juan.

Königin!

Das Schwert ist aus der Scheide! Sieh dich vor!

Zum letzten Male bieten wir dir Frieden;

Noch ist es Zeit; verlassen wir dies Haus,

So löschen wir die Hochzeitsfackel aus,

Und schaffen unser Recht uns mit den Waffen!

Donna Maria.

Das Maß ist voll, und nun genug, Infanten!

Die Larven weg und zeigt euch, wie ihr seyd!

Ihr wollt nicht meine Hand, ihr wollt die Krone,

Nach Frieden nicht, ihr geizet nach dem Throne,

Ihr lauert, Wölfe, auf des Kindes Leben,

Das zwischen euch und eurem Ziele steht!

Und wählen, wählen soll ich zwischen euch,

Als Gatten den Gewählten zu umschlingen,

Der Krone Schmuck als Mitgift ihm zu bringen?

Ich nimmermehr! — Droht immerhin mit Waffen,

Was euer Recht ihr nennet, euch zu schaffen;

Und ihr dort, Freunde, wählet immerhin

Statt eines Kindes einen Mann zum König,

Ich halte, wenn auch Alles mich verläßt,

An meinen Herrn, an meinen König fest,

Und hier, hier seht ihn —

(Sie tritt rasch links vom Thronsitz hinter den Vorhang und erscheint
sogleich wieder mit dem kleinen Don Fernando, den sie auf den
Thron setzt.)

Auf des Vaters Thron,

Das Ebenbild des Vaters, setz' ich ihn;

Ihr aber, die sein Recht verkennt, heran!

Entreißt Castiliens Scepter seinen Händen;

Kommt, stoßt vom Thron der Väter ihn herab,

Doch euer Werk, hofft nicht, es zu vollenden,

Eh' euer Grimm den Tod der Mutter gab!

Ja, armer Knabe, früh verwaistes Kind,

Argloses Küchlein, dem die Marder drohen,

Unschuldig Lamm, von Wölfen rings umstellt,

Verleugnen dich des Vaters Blutsverwandte,

Vergißt dich seiner Waffenbrüder Schaar,

Ich, aus dem Königsblut Leons entsprossen,

Ich schütz' dich, eine Löwin ihre Brut;

Ich liebe dich, mag eine Welt dich hassen,

Ich halt' an dir, mag Alles dich verlassen;

Und wenn sie Alle dir den Rücken kehren,

Und schnöd' dir weigern königliche Ehren:

Ich beuge mich im Staub zu deinen Füßen,

Als meinen König huld'gend dich zu grüßen;

Ich leb' in dir, und mit dir will ich sterben!

Ein Heil für uns, ein Sturz und ein Verderben!

(Sie ist ihr Kind umschlingend vor dem Throne auf die Knie nieder=
gesunken, während die Abgeordneten der Bürgerschaft, die Rathe-
herren und die Ritter in tumultuarischer, aber malerischer Bewegung
bis an die Stufen des Thrones vorschreiten.)

Einer der Bürger.

Ihr sollt nicht sterben —

Ein Anderer.

Leben sollt ihr, leben!

Ein Dritter.

Beglückend und gesegnet sollt ihr herrschen!

Don Pedro.

Argloses Küchlein, fürcht' die Marder nicht:

Castilien nimmt dich unter seine Flügel!

Don Lope.

Unschuldig Lamm, dich soll kein Wolf zerfleischen,

Eh' müßt er mich, den treuen Hund, zerreißen!

Don Juan Caravajal
(auf die Stufen des Thrones hinknieend).

Hier knie ich und beim Schatten deines Vaters,

Bei deiner Mutter kühnem Löwenherzen

Erneur' ich dir mit Herz und Mund und Hand

Der Lehenstreue Schwur, mein Herr und König!

Heil, ruf' ich, Heil! und wer Castiliens Wohl

Im Herzen trägt, der rufe mit: Heil dir,

Fernando! König von Castilien und Leon,

Und Blut und Leben, Hab' und Gut für dich!

Tumultuarisches Geschrei.

Heil dir, Fernando!

Infant Don Juan
(vortretend).

Hört, ihr Rasenden --

Tumultuarisches Geschrei.

Heil dir, Fernando! Gut und Blut für dich!

(Der Infant Don Juan versucht noch einmal zu reden, wird aber
überschrieen; worauf die Infanten und ihr Gefolge mit drohenden
Geberden des Ingrimms rasch durch den Eingang links abgehen.)

Don Lope.

Ein Schild her! Laßt nach altem Gothenbrauch

Auf unsern Schultern durch die Stadt ihn tragen!

Laßt uns dem Volk Leon's den König zeigen,

Daß freudiger an diesem Freudentage

Im Kampf für ihn das Leben Jeder wage!

Verschiedene Stimmen.

Ein Schild her! Laßt ihn durch die Stadt uns tragen!

(Es wird eines von den an den Wänden hängenden Schildern herab=
genommen und der König darauf gestellt.)

Donna Maria.

Ich übergeb' ihn euch, denn er ist euer!

In eurer Liebe wurzelt seine Kraft,

Und seine Zukunft ruht auf eurer Treue,

Wie jetzt dies Schild auf euren Armen ruht.

O treue Arme, sink' euch nie der Muth!

Wie ihr gewagt, auf's Schild ihn zu erheben,

So haltet ihn und tragt ihn so durch's Leben!

Tumultuarisches Geschrei.

Heil dir, Fernando! Gut und Blut für dich!

(Während Fernando auf dem Schilde stehend unter wiederholtem
Jubelgeschrei, von allen Anwesenden umgeben, durch den Eingang
links fortgetragen wird, steigt die Königin von der Estrade herab
und tritt in den Vordergrund der Bühne.)

Vierte Scene.

Donna Maria
(allein).

Es ist geschehen, und der Bürde ledig,

Befriedigt athmet meine Seele auf;

Doch vorwärts blickend fühl' ich neue Lasten

Sich schwer auf's Herz mir wälzen. — Jubelt auch

Das Volk frohlockend seinem König zu,

Wenn erst zum Kampf des Feindes Hörner mahnen,

Sein Heer zum Sturme vor die Mauern rückt,

Wie wehr' ich mich mit meiner kleinen Schaar?

Erwart' ich, daß ein Engel mir vom Himmel

Zur Rettung niedersteige? Was beginne,

Was wähl' ich, was versuch' ich? — Wehe mir!

Die unfreiwillig aus vertrauter Stille

Von reicher schöner Hoffnung fortgerissen,

Dem ungeliebten Gatten hingegeben,

Zu Throneshöhen sich erhoben sah,

Die nicht wie and're Frauen ihr Geschick

Zufrieden aus geliebter Hand empfangen,

Die selbst es mit den schwachen Händen sich

Und ihrem Kind, dem Reich bereiten soll!

O Bilder schön'rer Tage, die vergangen,
Was taucht ihr friedlich lächelnd mir empor?
Wenn ich um eine Krone euch verlor,
So war es mein Geschick, nicht mein Verlangen.

Fünfte Scene.
Donna Maria. Don Diego.

Don Diego
(der während der letzten Worte aus dem Gemache links hervorgetreten).

Zu Ehrfurcht, Königin —

Donna Maria.

      Wer spricht da? Wie,
Ist's wahr, ist's wirklich? Ja, du bist's, du bist's,
Freund meiner Jugend, edler Pflegesohn
Des theuren Vaters! Ja, du bist's, Diego,
Und jauchzend fliegt dir meine Seele zu!

Don Diego
(für sich).

O, trauter Klang der wohlbekannten Stimme,
Ein Lichtstrahl brichst du in des Herzen Nacht!

204

Donna Maria.

Wie lang entbehrt' ich dich, du treues Herz,
Wie ruft dein froher Anblick hell erklärend
Das Bild verklung'ner Zeiten mir herauf!
Die altergraue Burg, in der wir Kinder
Emporgeblüht; die Linde, die so oft
Sich rauschend über uns zum Dache wölbte,
Der traute Moossitz schwebt mir vor den Augen!
Ich saß und spann, und du zu meinen Füßen
Erzähltest mir von Roland und vom Cid,
Und plätschernd sang dazu des Brunnens Welle —

Don Diego.

Laß ab! O, sprich nicht weiter! Taumel faßt
Mein trunk'nes Herz! O, zeig' ihm nicht die Bilder
Der sel'gen Tage, die vorüber sind.

Donna Maria.

Diego, du hast Recht, sie sind vorüber!
(Nach einer Pause.)
Du hast mir Vieles, Vieles zu berichten!
Ich sah dich lange nicht — Du bliebst durch Jahre
Vom Hof des Königs, meines Gatten, fern,
Und überrascht erfuhr ich eines Tages,
Du seyst auf Reisen —

Don Diego.

Auf Reisen, Kön'gin? — Ja, ich war auf Reisen!

Donna Maria.

Du kömmst aus Frankreich, aus Italien,
Sahst fremde Sitten und Gebräuche, lebtest
In einer neuen, unbekannten Welt!
Mir war ein eng'rer Lebenskreis gezogen,
Und oft an Haus und Herd gebannt gedachte
Beneidend still ich dein und deiner Fahrten.

Don Diego.

Beneidend, Königin! — Und was, beim Himmel,
Was war mir zu beneiden? — Was ich dort
Erlebt? — Ich lebte kaum und habe nichts
Erlebt! — Und was ich sah? — Ich habe nichts
Gesehen — nichts! In mich nur kehrte sich
Des Geistes Auge — Lindenflüstern schien
Und Brunnenplätschern ferner mir zu rauschen!
Vergib mir! — In der That, fast schäm' ich mich
Halboff'nen Auges nur, im Traum die Welt
Durchstreift zu haben, nicht an Wissen reicher,
Erfahr'ner heimzukehren! — Träumer sollten
Nicht reisen, ich gesteh' es. — Doch beneiden —
Ich war nicht zu beneiden, Königin!

Donna Maria.

(für sich).

O, mich umflüstert's auch wie Lindenrauschen,
Und Brunnenplätschern weht von fern mir her!

(Zu Don Diego.)

Diego, du warst dennoch zu beneiden,
Wenn auch im Traum du nur die Welt durchwandert,
Du warst doch fern, sahst nicht der Heimat Nöthen;
Dir fällt mit einem Mal, nicht tropfenweis'
Vergiftend ihre Qual auf's Herz; denn ich —
O, wüßtest du, was ich erlebt, erfahren!
Den jähen Tod des Königs, der Regentschaft
Erdrückend Bleigewicht, dazu die Nachbarn,
Die feindlich rings die Grenzen mir bedrohen,
Der Hader der Parteien, der Infanten
Vermess'ner Trotz und offene Empörung,
Und wie das kam und wuchs und mich bedrängte!
O, wüßtest du's, Diego —

Don Diego.

Ich weiß es, Alles weiß ich! — Deine Thränen —
Sie brennen mir im Herzen, deine Seufzer
Durchwehen mich mit einem Sturm von Zorn!
Um deine Hand zu werben wagen sie,
Vermessen sich, das Jawort mit dem Schwert

Dir abzutrotzen! — Laß sie kommen, laß
Auf ihre Macht die Frevler pochen! Ich
Zerbreche sie, zermalmend in den Staub
Zu deinen Füßen beug' ich ihre Häupter!
Es kocht mein Blut und meine Pulse fliegen —
Nicht leben will ich, oder du sollst siegen!

Donna Maria.

Und siegen werd' ich! Sieg verheißen mir
Dein blitzend Aug', das Drohen deiner Stimme,
Sieg jauchzen alle Tiefen meiner Seele,
Vorahnend dir, dir, unserm Retter, zu,
Und jauchzten längst im Stillen dir's entgegen!
Denn wiss' es nur, ich rechnete auf dich,
Ich wußte, eh' du kamst, du würdest kommen!
Zwar And're kamen auch, zu ihrem Vortheil
Die herbe Noth der Witwe auszubeuten,
Sich Ländereien, Städte, feste Schlösser
Als Sold für ihren Beistand zu bedingen;
Dich aber treibt dein Herz! — Nicht wahr, Diego,
Du kommst und hilfst und forderst keinen Lohn?

Don Diego.
(während außer der Bühne von Zeit zu Zeit bis an's Ende der
Scene Hörnerfanfaren ertönen).

Lohn, sagst du, Lohn? Du mich belohnen? Wie,

Belohnst du deinen Arm für seine Dienste,

Dein Herz für seinen Schlag, dein helles Auge

Für seinen Strahl? Und bin ich denn nicht auch

Ein Stück von dir, wie Arm und Herz und Auge,

Beherrscht mich nicht wie sie dein Wunsch, dein Wink,

Die Regung deiner Seele? Leb' ich denn

Als nur in dir, Maria, nur für dich? —

Zum Kampfe rufen dort des Feindes Hörner,

Und sturmgerüstet rückt sein Heer heran!

Laß jene, die Infanten laß mit Gold

Die Treue ihrer Söldner sich erkaufen;

Mir biete keinen Lohn, mir trübe nicht

Mit Worten der Verheißung das Entzücken,

Der Feinde Macht dich schirmend zu entrücken!

Zu deinen Füßen flehend sink' ich nieder,

Und wenn's Castilien's Krone selber wär',

Mir nenne das verhaßte Wort nicht wieder,

Mir sprich von Lohn, von schnödem Lohn nicht mehr!

Donna Maria

(die Hände auf die Schultern des Knieenden gelegt und ihn gerührt
betrachtend, nach einer Pause).

Mein Freund, du hast gealtert, früh gealtert!

Ein unbeschrieben Blatt war deine Stirne;

Nun liegt in ihren Furchen mir ein Buch

Voll krauser Schrift des Schmerzes aufgeschlagen,

Ein Zug des Leidens zuckt um deine Lippen —

Genug, genug —

Steh' auf, mein Freund, steh' auf!

Vergib, daß jenes Wort ich dir genannt,

Vergib es mir, und reich' mir deine Hand!

Diego, willst du, sprich, mein Bundgenosse,

Mein Ritter seyn, mir dienen ohne Lohn

Und ohne Hoffnung?

Don Diego.

Ohne Lohn und Hoffnung!

Donna Maria.

Vertrauend wie ein Freund?

Don Diego.

Vertrauend wie

Ein Freund!

Donna Maria.

Und schweigend, schweigend wie ein Mann?

Don Diego.

Und schweigend wie ein Mann!

Donna Maria.

Wohlan, Diego!

Die Hörner schmettern, Sturmgeläute tönt;

Geh' hin, für mich zu kämpfen und zu siegen!

Sechste Scene.

(Der Vorhang links im Hintergrund der Bühne öffnet sich; die Vorhalle ist mit bewaffneten Bürgern erfüllt, aus deren Mitte Don Juan
und Don Pedro Caravajal und Don Lope Benavides hervor-
treten. — Sturmgeläute.)

Donna Maria

(den Rittern entgegentretend).

Heran, ihr Herrn! Ihr kommt zur guten Stunde;

Ein wack'rer Streiter mehr schließt eurem Bunde,

Diego sich, der Herr Biskaya's, an!

Nun rück' der Feind zum Sturme nur heran

Und drohe uns umzingelnd zu erdrücken;

Biskaya hilft, bald flieht sein stolzer Wahn,

Und Sieg wird leuchtend uns're Fahnen schmücken.

Don Juan Caravajal.

Er fehlte nie auf Don Diego's Wegen.

Don Lope.

Ihn sendet Gott!

Don Pedro.

Er führe uns zum Streit!

Don Diego.

So kommt denn, kommt! Der Führer ist bereit;

Hinaus, hinaus, und kühn dem Feind entgegen!

Wir greifen Brust an Brust von vorn ihn an,

Im Walde draußen liegen meine Reiter,

Die brechen sich in seinem Rücken Bahn,

Und wankt er erst, so ist's um ihn gethan!

Die Thore auf, und laßt die Hörner schallen!

Kein Säumen mehr! Wer Waffen trägt, herbei!

Vorwärts! Maria ist das Feldgeschrei,

Und unsere Losung: Siegen oder fallen!

Tumultuarisches Geschrei.

Maria! Siegen oder fallen!

(Don Diego in Begleitung der Ritter wendet sich gegen den Ausgang links, durch welchen sie, von den dort harrenden bewaffneten
Bürgern in stürmischer Bewegung umgeben, forteilen.)

Donna Maria
(nach einer Pause).

Vergib mir, Herr, wenn Kleinmuth mich verblendet;

Das war der Engel, den du mir gesendet!

(Waffengeklirr und Hörnerschall außer der Bühne, in welche Klänge,
während der Vorhang sinkt, das Orchester mit kriegerischer Musik
einfällt.)

———·❖·❖·❖·———

Zweiter Akt.

(Saal im königlichen Schlosse zu Toledo. Im Hintergrunde der
Haupteingang, links und rechts Seitenthüren; im Vordergrunde
links in der Tapete noch eine zweite kleinere Thüre. Die Wände sind
mit Ahnenbildern behangen; namentlich hängen derlei Bilder über
der Haupt= und den beiden Seitenthüren; jenes über der Seitenthüre
links ist das Bildniß König Sancho's. Im Vordergrunde links und
rechts Tische und Stühle; auf jenem zur Linken Schreibgeräthe.)

— — — —

Erste Scene.

Donna Maria tritt mit Mendoza
(aus der Seitenthüre links).

Donna Maria
(auf der Schwelle in das verlassene Gemach zurückblickend).

Er schläft! Genesung blüht auf seinen Wangen,

Er ist gerettet!

Mendoza.

Gott erhalt' den König!

Denn schlug auch Don Diego vor Leon

Die Schaaren der Infanten, bracht' er auch

Gefangen dir die schlimmen Gegner heim,
Und zwang auch später sein gewalt'ger Arm
Navarra und die Grafen de la Cerda,
Was frommt' es uns, hätt' Meister Aben Esra
Nicht vielerfahren und mit sich'rer Hand
Dies böse Fieber deinem Kind verscheucht,
Des lieben Herrleins Leben uns erhalten!

Donna Maria.

Gott war mit mir und meinem Kind, und möge
Noch ferner seine Huld uns schützen, denn
Noch droht Gefahr, wohin ich blicke! Hier
Erfüllt der Lara's, der Padilla's Bündniß
Mit Argwohn und Besorgniß mir die Seele,
Dort überschwemmt mir Aragoniens Heer
Des Reiches Marken —

Mendoza.

Sorge nicht; die treuen
Caravajals gebieten deiner Schaar
Und werfen sich, ein Damm, dem Feind entgegen!
Ich fürcht' nur die Infanten! Gabst du auch
Die Freiheit schonend den Gefang'nen wieder,
Und schworen sie gleich Treue deinem Kind,
Ich trau' nicht ihrer Treue, sie sind falsch!

Donna Maria.

Für Don Enrique's Treue, denk' ich, bürgt
Für jetzt mir seine Habgier; denn die Hälfte
Der Beute ihm verheißend, wenn er siege,
Mit Heeresmacht entsandt' ich ihn, Entsatz
Zu bringen meiner Stadt Jaen, vor der
Granada's Völker feindlich drohend lagern;
Don Juan dagegen, der verschlossen, finster,
Im Schein der Demuth stolze Wünsche birgt,
Den halt' ich eisern fest in meiner Nähe,
Und sorgend wie ein Raubthier hüt' ich ihn! —
Der Rest sei Gott empfohlen! — Geh' nun hin
Und ruf' Ramon, den Kaufmann von Toledo,
Den Reichen, wie das Volk ihn nennt, mir her!
Ich will ihn sprechen —

Mendoza
(zögernd).

Herrin! —

Donna Maria.

                  Hast du mir
Noch etwas zu berichten? — Sag's heraus!

Mendoza.

Mir ward ein Schreiben, Königin — ein Schreiben
Von Don Diego —

Donna Maria.

Wie! Von Don Diego!

Mendoza.

Du weißt, wie unfreiwillig schweren Herzens
Dein Jugendfreund aus diesen Mauern schied,
Zum Heer zu stoßen, das dir am Duero
Die Grenze hütet gegen Portugal;
Und war nicht dein Befehl —

Donna Maria.

     Er mußte fort!

Mendoza.

Zu deinem Schutz, als Hüter deines Knaben
Erwünscht, ja nöthig dacht' er hier zu sein;
Du aber, ob auch damals dort der Grenze
Kein Feind noch drohend nahte, du befahlst
Ihm wiederholt, zum Heer zu eilen —

Donna Maria.

       Ja,
So that ich und that recht!

Mendoza.

    Er ging betrübt,
Um so betrübter, da mit jedem Tage
Du kälter dich und fremder ihm bezeigtest!

Donna Maria.

Das also ist der Inhalt seines Schreibens?
Er grollt mir, er beklagt sich —

Mendoza.

Nein, er bittet,
Er fleht mich an, mit treuem Freundeswort,
Ihm dein Vertrauen wieder zuzuwenden,
Um das Verleumdung, wähnt er, ihn gebracht;
Er klagt nicht, aber ich, ich, Königin —
Vergib das kühne Wort dem greisen Diener,
Der ihn, wie dich, im Arm gewiegt — ich muß
Dich bei dir selbst verklagen! — Durftest du
Den Jugendfreund, den treuen Bundgenossen,
Den gottgesandten Retter deines Kindes,
So kränkend tief verletzen, konntest du
So feindlich hart, und mit so kaltem Herzen
Von dir ihn stoßen —

Donna Maria
(schmerzlich aufschreiend).

Hart! mit kaltem Herzen!
(Sie bedeckt das Angesicht mit den Händen; nach einer Pause.)

Mendoza, höre; schreib' an Don Diego,
Um Lohn und Hoffnung, schreib' ihm, dient ein Knecht,
Ein Freund vertraut, es weiß ein Mann zu schweigen,

Und hält er Wort, so hält er's ganz und recht;

Die Antwort, schreib' ihm, hätt' ich dir gegeben!

Dir aber, der mich bei mir selbst verklagt,

Der schnöden Undanks mich zu zeihen wagt,

Dir, alter Freund, dir will ich es vergeben;

Kein Wort mehr! Geh', bescheid' Ramon mir her! —
(Mendoza geht durch die Mittelthüre ab.)

Donna Maria.

Zur Ruhe, Herz, und sammelt euch, Gedanken!

Und kehrt auch nie des Lebens Mai zurück,

Uns blüht an ernster Mühe Dornenranken,

Uns blüht ja noch, wenn alle Blüthen sanken,

Der Pflichterfüllung blasses, stilles Glück.
(Sie geht langsam in das Seitenzimmer rechts ab.)

————

Zweite Scene.

(Nach einer Pause öffnet der Infant Don Juan leise die Mittelthüre
und tritt behutsam herein.)

Infant Don Juan.

Still, Alles still hier! Wohl, die Zeit ist günstig!

Der Bess'rung, heißt es, geht das Kind entgegen,

Und drum kein Säumen und kein Zögern mehr!
Das Fieber hätte mir die Mühe sparen,
Die Krone leicht von seinem Haupt auf meines
Hinüber rücken können! Doch mir wirst
Des Glückes Laune keine Gaben zu,
Nur keckes Wagen hilft mir zum Gewinne,
Wohlan, so wag' ich denn! — Die Kön'gin zwar,
Verräth mich wieder tückisch das Geschick,
Die Kön'gin zwar wird nicht zum zweiten Mal,
Wie zu Leon dort, mir das Leben schenken! —
Gleichviel! Ich bin auf's Aeußerste gefaßt!
Muß Jeder doch zur Ruh' sich einmal strecken;
Und leben, leben und nicht König seyn,
Ist schlimmer, als der Tod und seine Schrecken!
Doch still, er kömmt, er ist's! — Schallt sein Schritt
So laut durch Gang und Halle? — Oder ist's
Mein schwellend Herz nur, das zum Ziele näher
Ihm wilder, stürmischer entgegen pocht!

Dritte Scene.

Aben Esra

(einen mit einem Deckel verschlossenen Becher in der Hand, tritt
durch die Mittelthüre ein).

Infant Don Juan.

So kommst du, kommst du endlich, Aben Esra?

Du pflegtest, denk' ich, früher sonst dem König

Arznei zu reichen! — Doch gleichviel! Jetzt bist

Du da, und jetzt kein Säumen mehr! — Tritt näher,

Wir sind allein und sicher! Rede, bringst

Du jenen Trank?

Aben Esra.

Durchlauchtigster Infant!

Ich bring' in diesem Becher einen Trank.

Infant Don Juan.

Denselben doch, von dem letzthin wir sprachen?

Ist's dieser hier? Und hilft er rasch und leicht

Hinüber, wie er soll und wie wir's brauchen?

Aben Esra.

Derselbe, Herr, von dem letzthin wir sprachen?

Ihr meint den Trank hier? — Sprachen wir letzthin

Von diesem Tranke?

Infant Don Juan.

Wie, Verwegener,

Du wagst mir abzuleugnen, was noch gestern

In deiner stillen Kammer wir besprochen?

Du wagst, Verräther —

Aben Esra.

Sachte, sachte, Herr!

Und rück mir nicht so nahe, daß ich nicht

Den Trank verschütte, nicht den edlen Trank,

Der rasch hinüberhilft, verschütte —

Infant Don Juan.

Wie,

So bringst du ihn, und willst ihn, wie du mir

Versprachst, dem König reichen? Willst du? Rede,

Ist dies der Trank?

Aben Esra.

Der Trank hier — Laßt den Becher

Bei Seit' mich stellen — dieser Trank hier — seht,

Er kann es seyn, und kann's auch nicht seyn, nämlich

Der Trank, mein Prinz, von dem letzthin wir sprachen:

Er kann es seyn! Die Frage ist nur, ob

Er's ist! — Was meint ihr, ist er's oder nicht?

Infant Don Juan.

Beim Pfuhl der Hölle! Jude, wagst du frech

Mich zu verhöhnen? Oder schwinden dir,

Von Angst verworren, Sinne und Gedanken?

Was kömmt dich an? Was hast du? Sprich! Am Ziel

Ist meine Langmuth! Wahrt der Becher dort

Den Trank, von dem wir sprachen, oder nicht?

Besinn' dich d'rauf, eh' rächend meine Hand

Dir nach der Kehle langt, sie zuzuschnüren!

Aben Esra.

Nicht doch! Erwürgen — Ihr erwürgt mich nicht!

Wer braute euch so kräft'ge Kräutertränke,

Wer reichte sie dem König, wenn ihr mich

Erwürgtet? — Ja, wenn erst mein Dienst gethan,

Dann möcht' es seyn! — Jetzt gibt die Frucht noch Saft,

Jetzt wär's vom Uebel noch, sie wegzuwerfen!

Und was mich ankömmt, Herr? Wie, wenn es Ekel,

Herzinn'ger Ekel wäre vor der Welt,

Dem großen Tollhaus, vor dem Possenspiel

Des Lebens, vor der Sonne, die uns leuchtet,

Der Erde, die uns trägt, den Wolken, die

Uns nicht ersäufen, wo doch uns're Thaten

Zum Himmel laut um eine Sündfluth schreien!

Wie, oder wenn es das Gelüste wäre,

Für Schmach und Schimpf, die uns'res Gleichen sonst

Von eures Gleichen ab und zu erfahren,

Nun einmal meine Lust mit euch zu haben,
Und bettelnd um den Trank, der euch zum Thron
Verhelfen soll, und mir vielleicht zum Galgen,
Im Staub zu meinen Füßen euch zu sehen,
Den Prinzen knieend zu des Juden Füßen —

Infant Don Juan
(die Hand am Schwerte).

Zu viel, zu viel! Beim Blute meiner Väter,
Das ist dein Tod!

Aben Esra.

Laßt stecken, Herr, laßt stecken!
Wenn ihr gleich aufbraust und die Stirne furcht,
Bestünd' ich d'rauf — die Hand auf's Herz gelegt —
Ihr thätet's doch am Ende, knietet doch!
O, wir sind Alle feil, Christ oder Jude,
Und prahlt' ich gestern noch: Ich nicht! Ich nicht!
So kann ich's heute, heute doch nicht mehr! —
Genug, Infant, die Zeit verrinnt, zur Sache!
In jenem Becher, wisset, gährt ein Trank,
Ein Wundertrank für aufgeregte Nerven,
Denn er macht still, fürwahr, ganz lautlos still —

Infant Don Juan.

So hältst du Wort und lösest dein Versprechen?

Aben Esra.

Ja, mein durchlauchtigster Infant! Ihr habt
Mich fest; ich bin der Eure, bin bereit,
Dem Sohn des Königs, der aus Niedrigkeit
Und Nacht und Dunkel mich emporgehoben,
Ich bin entschlossen, sag' ich, statt Arznei
Ihm Gift zu reichen, Gift —

Infant Don Juan.

       Sprich leiser, leiser —

Aben Esra.

Geflüstert, meint ihr, schreit es nicht um Rache!
Doch das ist eure Sache! Warum sollte,
Was ihr beschließen dürft, ich, Jude, nicht
Vollbringen dürfen? — Habt ihr meinem Volk
Die Lösung seiner Bande doch verheißen,
Und wollt es schirmen vor des Pöbels Haß,
Des Fluches Brandmal uns vom Antlitz tilgen,
Und wollt das reichste Gut, das köstlichste
Geschenk, den unentbehrlichsten Besitz
Des Menschen, der allein zum Menschen macht,
Wollt freien Glauben uns und gleiches Recht
Gewähren! — War's nicht so? — War's nicht bedungen
Und zugesagt, als Lohn mir zugesagt?

Wie, oder dächtet ihr etwa, mit Gold,

Mit schnödem Gold für Gift mich abzufinden?

Für Gift, merkt wohl, für Gift! Gebt Antwort, redet,

Dort steht das Gift, wie steht's mit meinem Lohn?

Infant Don Juan
(sich scheu umblickend).

Schweig', Unglückseliger! Kein Wort mehr, schweig'!

Es soll dir werden, was bedungen war,

Bei Gott uns Teufel, drei und vierfach werden!

Ich gebe Brief und Siegel dir dafür,

Ich stell' dir Pfand und Bürgschaft —

Aben Esra.

Bürgschaft, Pfand!

Recht so, das ist's; das ist das Wort! Wir Juden

Verstehen uns auf's Pfänderleihen, Herr!

Und unter uns gesagt, ich hab' auch schon,

Ich habe Pfand und Bürgschaft — euch, euch selbst,

Für eure Treue euer Blut! — Ich meine

Die Bürgschaft, Herr, wär' gut! — Ihr lächelt? Ei,

Ihr meint wohl, wenn ihr einmal König seyd,

Dann wär's ein Spiel euch nur, mich zu verderben!

Das weiß ich, und das mögt ihr; ist mein Haus

Doch wohl bestellt und meine Rächer leben;

Seyd deß gewiß, sie leben! Tödtet mich,

Täuscht meines Volkes Hoffnung und ihr seyd —

Ich schwör' euch's zu beim Gotte meiner Väter —

Ihr seyd gerichtet und ein todter Mann!

Und nun genug, an's Werk! — Wie, oder dünkt

Die Bürgschaft euch zu kostbar, die Gefahr

Zu groß —

Infant Don Juan.
An's Werk! Was säumst du noch? Gefahr —

Die Krone will ich; wenn ich sie getragen,

So mag das Schicksal sie und mich zerschlagen,

Ich trug sie einmal, ich war König doch!

An's Werk denn, vorwärts —

Aben Esra.

Recht, die Zeit verrinnt!

Kein Säumen mehr, an's Werk!

(Er schreitet auf den Tisch zu, auf dem der Becher steht; halblaut
für sich.)

Wenn nun der Knabe

Die Arme froh begrüßend mir wie sonst

Entgegenstreckt und lächelnd — Nein, und wenn

Er lächelte wie Gottes Engel — Nein!

Drück' alle deine Stacheln mir in's Herz,

Schmach meines Volkes! Tretet um mich her,

Ihr Bilder seines tausendjähr'gen Leidens,

Und härtet mir zu sprödem Stahl die Seele!

Dort steht der Trank, und Freiheit duftet uns

Aus seiner dunklen Fluth! — Er soll ihn nehmen

(Den Becher vom Tische nehmend.)

Die Zeit ist günstig! Staatsgeschäfte halten

Die Königin von ihrem Knaben fern,

Und so mag's jetzt am sichersten geschehen!

Ich will hinein. — Erwartet ihr mich hier?

Infant Don Juan.

Erwarten, meinst du? Dich erwarten — Nein!

Mich drückt das enge Haus, ich will in's Freie!

Auf Wiedersehen! Nimm der Stunde wahr,

Sie kehrt nicht wieder! Zeig' dich rasch und fest

Und zähl' auf mich, du darfst es, und — genug,

Leb' wohl, auf Wiedersehen —

(Er geht rasch durch den Haupteingang ab.)

Vierte Scene.

Aben Esra

(dem Forteilenden nachrufend).

Wie, Infant,

Ihr wolltet — Er ist fort — Noch hör' ich rasch

Sich Thüren öffnen, schließen — Jetzt verhallt

Sein Schritt —

Gleichviel, ich will hinein! —

Noch nicht! —

(Er setzt den Becher auf den Tisch und bleibt gedankenvoll davor
stehen.)

Es ist ein groß Gebot: Du sollst nicht tödten!

Und Jedem weht im Drange der Versuchung

Sein Nachhall mahnend wie mit Geisterstimmen

Aus seiner Kindheit frommen Tagen her!

Und er — er freilich mag der Warnung beben;

Mich aber treibt nicht eitle Herrschbegier,

Nicht schnöde Ehrsucht zu dem grausen Werke;

Kein Mord, ein Opfer ist's, das ich begehe,

Ein Opfer für die Freiheit meines Volkes!

Gott meiner Väter, eifrig strenger Gott,

Du forderst von mir dieses Kindes Leben,

15*

Und reich' ich ihm in diesem Trank den Tod,

Dein Priester nur, vollstreck' ich dein Gebot;

Du führst mich, Herr, ich darf nicht widerstreben!

(Im Begriff, den Becher vom Tische wegzunehmen, plötzlich zusam=
menfahrend und scheu um sich herblickend.)

Du lügst! Wer spricht da? Wer behauptet, daß

Ich lüge? —

      War ich's selbst? War's deine Stimme,

Wahrhaftes Herz, vor dem kein Blendwerk dauert,

Das, Kläger und Beklagter und Gericht

Zugleich, sich selbst verdammt und lossspricht? — Oder

(Auf das Bild über der Seitenthür links hinweisend.)

Sprach jenes Bild dort, König Sancho's Bild,

Zu mir aus seinem Rahmen? Mahnst du mich

An jenen Engpaß im Gebirg, in dem

Verschmachtend einst im Sande du mich trafst,

Und labend mich mit milder Hand erquicktest?

Mir ist, als hört' ich deiner Stimme Klang,

Als blitzte mir dein Auge —

      Bin ich toll?

Was starr' ich sinnverwirrt nach jenem Bilde?

Ich will, warum zugleich nicht wollen? — Weg

Mit diesem Wortgepräng' von Gottessendung,

Von heilig schweren Pflichten, weg damit!

Und wär's zuletzt auch nur das Schmachgefühl

Der eig'nen Kränkung, langgenährter Haß

Und Groll und Rachsucht, die mich vorwärts treiben,

Und ist die That, zu der ich schreite, auch

Verrath und tückisch feiger Meuchelmord,

Und was — und was die Thoren Undank nennen,

Was mehr? — Ein Thor, der zweifelt, ob er lieber

Unbill verhängen als erfahren will! —

Gewissen, Tugend sind vielleicht nur Namen,

Von Träumern sinnreich ausgeheckt für Träumer!

Was schmerzlich wir empfinden, das ist wirklich,

Was siegend wir erringen, das ist wahr!

Ihr nennt uns Hunde, speit uns in den Bart,

Wir, toll geworden, tödten euch dafür

Mit unserm Geifer! Das ist Recht; denn Macht,

Macht ist das einz'ge Recht der blut'gen Erde!

Das Macht uns werde, muß der Knabe sterben,

Und wehre mir's Don Sancho, wenn er kann!

(Er schreitet mit dem Becher rasch auf die Seitenthür links zu, und
hat sie beinahe erreicht; da stürzt plötzlich das über der Thür be-
festigte Bild König Sancho's mit lautem Geprassel und eine dichte
Staubwolke um sich her verbreitend von der Wand nieder, und zwar
so, daß es gerade vor der Thür zu stehen kommt und ihre Schwelle
zu betreten verhindert.)

Aben Esra

(erschrocken zurücktaumelnd).

Gott sey mir gnädig! Gibt die Gruft zurück,

Was einmal sie verschlungen? — Ja, er ist's!
Von Nebelduft umwallt und Grabesschauer
Vertritt er mir den Weg zu seinem Kind.

Fünfte Scene.

Aben Esra. Donna Maria.

Donna Maria

(die gleich nach dem Falle des Bildes hastig aus der Seitenthür
rechts herausgetreten).

Was geht hier vor? — Welch drohendes Geräusch —

Aben Esra

(außer sich auf das Bild hinstarrend).

Sein Auge brennt in meine Seele! Gnade,
Mein königlicher Herr! Ich bin nicht schuldig;
Don Juan, dein Bruder, hieß mich deinem Knaben
Den Todestrank bereiten! — Gnade, Herr!
Erbarmen —

(Er sinkt auf die Kniee nieder.)

Donna Maria.

Todestrank — Herr Gott im Himmel!
Gift! — Meinem Kinde Gift! — Verräther, sprich

(Indem sie den Händen des Knieenden den Becher entwindet.)

Der Becher hier, enthält er Gift? — Gib Antwort!
Was starrst du nach dem Bild dort? Mich blick' an
Und steh' mir Rede!

Aben Esra
(sich langsam erhebend mit dem Ausdruck des Stumpfsinns).
Bild? Ein Bild! das Bild,

Das früher an der Wand dort -- Ja, das war's;
Sein Bild nur war's und als es niederstürzte —
(Der Königin gewahr werdend.)
Weh' mir! Die Königin — Mein Becher! — Gib
Mir meinen Becher wieder —

Donna Maria.
Diesen Becher?
Den Becher, den Don Juan für meinen Knaben
Verrätherisch mit Gift dich füllen hieß?
Den Becher meinst du —

Aben Esra.
Gift! Wer darf das sagen? —
(Sich sammelnd mit Anstrengung.)
Wer klagt mich an? — Ich kam, wie meine Pflicht,
Dem König, meinem Herrn, Arznei zu reichen!
Wer spricht von Gift? Wer wagt mich anzuklagen --

Donna Maria
(die indessen den Becher auf den Tisch rechts hingestellt hat).

Verworfener, du selbst! Du selbst verriethest,

Im Staub vor diesem Bilde hingestreckt,

Mir deinen Vorsatz; deine eig'nen Worte

Verklagen, richten dich —

Aben Esra
(für sich).

Ich bin verloren!

An jenem morschen Nagel hing mein Leben,

Und wie das Bild dort, fällt mein schuldig Haupt!

Donna Maria.

Verstummst du, Frevler, der den Labetrunk,

Den einst erbarmend ihm der Vater reichte,

Mit Gift, mit Gift an seinem Kind vergilt?

Treuloser Arzt, der tödtet, statt zu heilen!

Mensch, dem nichts heilig mehr; denn was ist heilig,

Wenn's nicht ein Kind in seiner Unschuld ist! —

Genug! — Gib Antwort, eh' dem Blutgericht

Dein schuldbeladen Haupt ich überlief're;

Sprich', war's Don Juan, der meinem Kinde Gift

Dich reichen hieß? —

Aben Esra
(für sich).

Du sträubst dich, trotzig Herz?

Du warst zu feigem Mord dir nicht zu gut,

Und wärst dir jetzt zu vornehm um zu läugnen?

Knie, Schurke, knie und lüge um dein Leben!
(Er sinkt auf die Kniee nieder.)

Donna Maria.

Was kniest du? Auf! Für dich ist kein Erbarmen!

Sprich, war's Don Juan, der dort den Gifttrank dich

Bereiten ließ? Bekenne, rede!

Aben Esra
(knieend).

Gift!

Es ist nicht Gift! Ein Schlaftrunk ist es, stark

Genug, in bleiern starren Todesschlaf

Zu wiegen, in das Innerste der Brust

Des Lebens warmen Hauch zurückzudrängen,

Doch nicht ihn auszulöschen, ihn zu tödten —

Donna Maria.

Du lügst! Ein Schlaftrunk wär' es —

Aben Esra
(wie oben).

Der Infant

Bestürmte mich mit Drohungen und Bitten;

Auch du, du, sprach er, wünschtest längst im Stillen

Des Knaben Tod, dich wieder zu vermählen —

Donna Maria.

Mir starrt das Blut im Herzen!
O, unnatürlich grauenvolle Lüge!

Aben Esra

(wie oben).

Mit jedem Tage wuchs sein Ungestüm;
Mir sank der Muth, und dir mißtrauend, faßte
Ich endlich den Entschluß, mich seinen Wünschen
Zum Schein zu fügen —

Donna Maria.

Sprichst du wahr? Zum Schein,
Zum Schein nur, sagst du —

Aben Esra

(wie oben).

Statt des Giftes braute
Ich jenen Schlaftrunk, Alles vorbereitend,
Zur rechten Zeit dein schlafbetäubtes Kind
Aus seinem Sarge heimlich wegzustehlen,
Und überlistend seines Oheims Grimm,
In treuer Freunde Obhut ihn zu retten!
Das war mein Wunsch, mein Ziel! Nun weißt du Alles,
Und bin ich schuldig, so verdamme mich!

(Er wirft sich vor ihr auf sein Antlitz nieder).

Donna Maria
(nach ein Pause für sich).

Verdamm' ich ihn? Er läugnet seine Schuld;

Vertrau' ich ihm? Wer bürgt für seine Treue?

Und der Infant — sein Anhang — seine Macht —

Zerschmetternd oder gar nicht muß ich ihn

Berühren; ihn vernichten oder schweigen!

Nur wenn sein eigenes Geständniß — Ja,

Das ist der Weg, und diesen will ich gehen!

(Zu Aben Esra, der noch immer, das Antlitz verhüllt, zu ihren Füßen
liegt.)

Steh' auf, ich will es! Laß in deinen Mienen

Mich prüfend lesen, ob du Wahrheit sprachst. —

Ein Schlaftrunk, sagst du, sey der Trank dort, wirke

Betäubend nur, nicht tödtend? Sagtest du

Nicht so?

Aben Esra.

So sagt' ich, Herrin, und so ist's,

Gewiß, so ist's! Unschädlich ist der Trank,

Und jetzt, da des Infanten Wort als Lüge,

Als thöricht meine Furcht, dein Mutterherz

Als liebevoll und treu sich mir bewährte,

Jetzt ist er wohl auch unnütz ganz und gar,

(Mit einer Bewegung nach dem Tisch hin, auf dem der Becher steht.)

Und so vergönn' mir als ein unnütz Ding
Ihn zu entfernen —

Donna Maria.

Halt, nicht so! — Du hast,
Mißtrauend thöricht meiner Muttertreue,
Der Werbung des Infanten dich ergeben,
Wenn auch zum Schein nur, du ergabst dich doch,
Und wer nicht: Nein! sagt, sagt zur Hälfte: Ja!
Du hast dich schwer vergangen; doch nicht härter
Als du gesündigt, straf' ich dich! Du wolltest
Zum Scheine morden, stirb' dafür zum Schein —

Aben Esra.

Wie, Königin —

Donna Maria.

Leer' jenen Becher dort,
Und deine Schuld ist dir vergeben —

Aben Esra.

Ich?
Den Trank dort — Wie, du wolltest —

Donna Maria.

Den Infanten
Mit deines Todes Anschein schrecken, tief

Im Mark der Seele ihn erschüttern! Ja,

Das will ich! — Nimm und trink!

Aben Esra.

Ich sollte — Wie,

Du könntest fordern — Und bedenkst du nicht,

Der Trank ist kräftig, ist —

Donna Maria.

Doch nicht zu kräftig?

Der Trank, den meinem Kinde du bestimmt,

Doch nicht dir reifen Mann zu kräftig?

(Ihm den Becher hinreichend.)

Trink!

Aben Esra.

Was siehst du mich so finster drohend an?

Du meinst doch nicht, der Trank hier wäre — nicht

Ein Schlaftrunk —

Donna Maria.

Mensch! Es steigen Wolken auf

In meiner Seele, hüt' dich vor dem Blitz! —

Kein Wort mehr! — Zwei Minuten geb' ich dir,

Dann trinkst du — oder endest unterm Beile!

Aben Esra

(für sich, während die Königin von ihm abgewendet an dem Tische
rechts stehen bleibt, auf dem der Becher steht).

Beil oder Gift! — Mir bleibt kein Ausweg mehr!

Mein Urtheil ist gesprochen, ich muß sterben! —

Mich friert und kalter Schweiß netzt meine Stirne!

Was bebst du vor dir selbst zurück, Natur?

Ist Tod nicht dein Gesetz, warum dich sträuben? —

Die Hoffnung meines Lebens ist dahin,

Und betteln sollt' ich um die karge Frist,

Die noch vielleicht mir übrig, ich, ein Jude?

Ich, dem geächtet schon im Mutterleib,

Gift jeder Tag war, jede Stunde Folter?

Ich, der ich ausgeschöpft den Born des Wissens,

Die Welt mit meinem Ruhm erfüllt, und doch

Gemieden wie die Pest, verachtet wie

Der Büttel, ehrlos wie der Henker, nur

Ein Jude, ein verworf'ner Jude bin!

Nein, hab' den Muth, zu wollen, was du mußt,

Stirb, Aben Esra! — Ob ein leichter Schatten

In's lichte Jenseits du hinüber schwebest,

Ob du betäubt in's Nichts hinunter taumelst,

In Staub zerstäubst, im Hauch der Luft verwehst —

Gleichviel! Was komme auch, Eins wirst du doch,

Ein Jude doch, ein Jude nicht mehr seyn! —

Im Tod ist Freiheit! — Aben Esra stirb!

(Er thut einige Schritte gegen den Tisch hin, auf dem der Becher steht.)

Donna Maria
(ihm entgegentretend).

Wohlan, bist du entschlossen —

Aben Esra.

Reiche mir

Den Becher, Königin!

Donna Maria
(ihm den Becher hinreichend).

Hier nimm und trink!

Aben Esra

Auf dein und deines Sohnes Wohlergehen!
(Ihr den leeren Becher zurückgebend.)

Es ist geschehen! Forderst du noch mehr?

Donna Maria
(nach einer Pause, warm).

Vergib mir, Aben Esra!

Ich that dir Unrecht! Ich mißtraute dir,

Und du warst treu! Es war ein Prinz des Hauses,

Es war ein Christ, der meines Kindes Leben

Mit frevlem Mord bedroht, und dich, dich, einen

Des unglückseligen, geächteten,

Verhöhnten Volkes, dich erbarmte sein;

Du Jude fühltest christlicher als Christen!

Wohlan, so sey erfüllt, was längst im Stillen

Mein Herz beschloß! Ich nehm' von deinem Volke

Der Knechtschaft Bürde und des Fluches Last!

Fortan sollt frei ihr eures Glaubens pflegen,

Und euer Zeugniß gelte vor Gericht

Wie das der Christen; nicht mehr Schmach und Hohn

Sollt rechtlos ihr erfahren; ihr seyd mein,

Und meinen Mantel breit' ich über euch.

Aben Esra.

Wie, Königin —

Donna Maria.

Still! Nichts von Dank! Ich will

Nichts hören!

(Auf die Tapetenthür links im Vordergrund hinweisend.)

Folg' mir in die Erkerstube!

Dort sollst du ruhen, dort soll schlafbetäubt

Als Leiche der Infant dich finden; soll

Den Mörder statt des Opfers hingerafft

Und offenkundig sein Verbrechen wähnen,

Und beugt nicht Reue ihm den starren Sinn,

So soll's die Furcht! Komm, sag' ich, folge mir!

(Sie geht links durch die Tapetenthür ab.)

Sechste Scene.

Aben Esra allein.

Aben Esra

(ihr rasch nacheilend, dann aber innehaltend).

Was war das? — Trübt des Giftes Macht, das nagend
An meinem Marke zehrt, verwirrend mir
Die Sinne? — Nicht mehr Hohn und Schmach erfahren —
Frei unf'res Glaubens pflegen, vor Gericht
Gehör und Recht wie And're finden — War's
Nicht so? — Und heißt das nicht — nicht mehr verworfen,
Nicht mehr ein Jude, gleich berechtigt, frei,
Ein Mensch wie And're seyn? — Und dieses Glück,
Dies unschätzbare Glück, es war als Lohn
Für meine Treue mir bestimmt, dies Ziel
All' meiner Wünsche lag so nah' vor mir,
Ein Schritt nur auf dem graden Weg der Pflicht,
Ein Schritt nur vorwärts noch, so war's erreicht,
So faßt' ich's mit den Händen — — Ja, es ist
Ein Gott und Tugend ist kein hohler Schall,
Und Schuld kein leerer Namen! — Ja, sie sind!

Erlösung wollt' ich meinem Volk erwerben,
Und wählte des Verbrechens dunklen Pfad!
Ich Wahnbethörter! Fluch war meine Saat,
Und was — was konnt' ich ernten als Verderben! —

——— - —

Siebente Scene.

Aben Esra. Donna Maria.

Donna Maria
(aus der Tapetenthür hervortretend).

Was säumst du, Aben Esra? —

Aben Esra.

Wehe mir!
War das des Herren Stimme, die mir rief?
Mir dunkelt's vor den Augen! Glühend heiß
Wie Brand der Hölle dringt's zu meinem Herzen! —
Ich sinke, ich vergehe — Schone, Herr!
Laß dir genügen, daß ich deinen Segen
Zum Fluche mir wie meinem Volk verkehrt!
Erbarmen, fleh' ich; laß nicht meine Schuld
Wie Gift den Leib, die Seele mir verderben —

Donna Maria
(die indessen entsetzt hinzugetreten).

Gift — meine Ahnung, Gift! Er stirbt — Herbei,

Helft, rettet —

(Sie stürzt durch den Haupteingang ab.)

Aben Esra
(ohne ihrer gewahr zu werden).

Keine Hülfe mehr! Ich sterbe —

Das ist die Freiheit, die mein Trank mir schafft! —

Weh' denen, die das Joch der Knechtschaft tragen,

Und dreimal Wehe, wenn sie es zerschlagen!

Grimm wird ihr Muth, Verzweiflung ihr Entschluß,

Erbitt'rung wirft der Schuld sie in die Arme

Und schleudert sie, im Anlauf überschlagend —

Im Sturz zerschmetternd — über's Ziel hinaus! —

Weh', wer — zum Fluch gelebt — verflucht — verflucht —

Zu sterben, wie — er lebte. —

(Er sinkt zurück und stirbt.)

Donna Maria
(von Mendoza begleitet, hastig wieder eintretend).

O grauenvoller Anblick! Er ist todt!

(Sie verbirgt das Gesicht in den Händen und wendet sich ab. Mendoza tritt hinzu; der Vorhang fällt rasch.)

———·◇·◇·——

Dritter Akt.

Schauplatz wie im vorigen Akte. Das Bild König Sancho's hängt
wieder an seiner Stelle.

Erste Scene.

Donna Maria sitzt erschöpft am Tische rechts in einem Lehn=
stuhl, neben ihr Mendoza.

Mendoza.

Beruh'ge dich, heb' frei den Blick empor!

Entfernt ist, was dein Aug' verletzen könnte,

In heit'rer Ruhe sorglos schläft dein Kind,

Die Luft ist rein und die Gefahr vorüber!

Donna Maria.

Und Niemand weiß, was hier sich erst begeben?

Mendoza.

Du, Königin, und ich und Gott, sonst Keiner;

Auch jede Spur ist sorgsam weggetilgt.

Donna Maria.

So mag ich denn getrost Don Juan begegnen! —
Und nun sag' an, was bringst du mir? Denn nicht
Blos Zufall, denk' ich, führte dich vorhin
Der Hilfesuchenden entgegen; sprich,
Was kommst du mir zu melden?

Mendoza.

Schone dich!

Noch zittern dir der Seele zarte Saiten
Vom rauhen Griff, der eben sie durchwühlt;
Du bist erschöpft, bedarfst der Ruhe noch —

Donna Maria.

Erschöpft! — Wer wär' es nicht, wer wär' nicht müde
Von Larven rings umgeben, von Gewürm
Umkrochen, von Entsetzen übermannt,
Den bösen Traum des Lebens fortzuträumen?
Wen ekelte der Lauf der Welt nicht an?
Wer wünschte nicht, sich still zurückzulegen,
Des Herzens lieben Träumen nachzuhängen,
Zu ruhen, wie du sagst, wär's einen Tag,
Wär's eine Stunde nur! — Ich aber halte
Castiliens Scepter in den müden Händen,
Und keine Ruhe ist für Könige;
Die Zeit drängt vorwärts, ewig mahnt die Pflicht —

(Rasch aufstehend und vortretend.)

Hier bin ich! — Mein Ermatten ist vorüber;
Sag' an, was bringst du deiner Königin?

Mendoza.

Ramon, der Kaufmann, harrt, wie du befohlen,
Im Vorgemach des Winkes deiner Hoheit!
Auch traf —

Donna Maria.

Was hältst du inne? Sprich!

Mendoza.

Auch traf
Ein Bote ein vom Heer, mit dem die beiden
Caravajals der Kriegsmacht Aragons
Entgegenrückten.

Donna Maria.

Und was bringt der Bote?
Was säumst du, sag's heraus!

Mendoza.

Das Heer verweigert
Rückständ'gen Soldes wegen den Gehorsam.

Donna Maria.

Wie, was, mein Heer? —

Mendoza.

Es sträubt sich vorzurücken,

Ja, droht sich Recht zu schaffen mit Gewalt,

Wenn schleunig nicht ihm wird, was ihm verheißen —

Donna Maria.

Der königliche Schatz ist leer —

Mendoza.

Du wirst,

Wie gern du's auch vermiedest, doch am Ende

Vom Land Kriegssteuern fordern müssen!

Donna Maria.

Steuern!

Wie, regnen Steuern mir wie Thau vom Himmel?

Nur einmal reift die Frucht ihm Jahr, und soll

Ich zweimal Steuern nehmen, statt der Wolle

Gleich lieber Vließ und Klauen ganz und gar?

Nichts mehr von Steuern! Daß das Volk gedeihe,

Ward uns'rer Herrschermacht es unterthänig,

Es auszusaugen braucht es keinen König!

Mendoza.

Gleichwohl bedarf des Soldes der Soldat!

Donna Maria.

So nimm denn hin, was an Kleinodien,

An Perlen, Gold, Juwelen mir noch übrig,
Und schaff' den nöth'gen Sold?

Mendoza.

Vergib mir, Herrin!
Längst schwand dein Schmuck dahin; selbst das Geschirr
Für deine Tafel, ja der Becher selbst,
Aus dem du trankst, ist weggegeben! Sieh'
Hier selbst.

(Er zieht ein zusammengefaltetes Papier hervor und überreicht es
der Königin.)

Donna Maria

(einen Blick in das Papier werfend, und es dann auf den Tisch rechts
hinlegend).

Was sagst du, wie — fürwahr,
Nichts übrig mehr, der letzte Rest dahin! —
Und was beginnen nun? Der Krone Güter
Riß unter schlauem Vorwand aller Art
Der Lara's, der Padilla's List an sich.
Auch meines Witthums Städte hab' ich längst
Der Sache meines Sohnes hingeopfert,
So helf' mir Gott, ich hab' nichts mehr zu geben!

Mendoza.

Gleichwohl ist nicht zu säumen, denn der Feind
Rückt an! Gebricht es dir an Mitteln, biete

Denn deine Freunde auf, send' einen Boten
An Don Diego, Herrin —

Donna Maria.

Don Diego

Und wieder Don Diego! — Schlug er nicht
Navarra's Schaaren erst und die Infanten?
Soll jeder Tag die Last der Schuld vermehren,
In der bei ihm ich stehe? Soll ich ganz
Sein Werk nur, sein Geschöpf seyn, Alles ihm
Verdanken, nichts mir selbst? Ich sollte — Nein —
Ich bin noch ich, und will mich selbst beschützen!
Ich weiß den Sold zu schaffen! Geh' und rufe
Ramon mir her!

Mendoza.

Du weißt den Sold zu schaffen —

Donna Maria.

Der rechte Wille gibt die rechte Kraft!
Geh, ruf' Ramon mir her! Und sorge auch,
Don Juan mir, den Infanten, herzusenden;
Denn klar, klar muß es werden zwischen uns;
Ich hasse Halbheit! — Schaff' mir den Infanten!

(Mendoza geht durch die Mittelthür ab.)

Donna Maria.

O schwere Zeit! — Rings Wolken aufgethürmt;

Die Lüfte schwül und mit Gewitter drohend,

Und ich allein im Kampf mit meinen Sternen,

Im Kampfe mit der Welt und mit mir selbst!

(Die Thür des Seitengemaches öffnend.)

In deine heitern Züge laß mich schauen;

Aus deinen leisen Athemzügen weht

Ein Friedenshauch mir labend durch die Seele,

Und wie ein Streifen blauen Himmels sieht

Dein Kinderantlitz mich erquickend an! —

Beglückte Kindheit! Lindenwipfel rauschen

Und Quellgerieſel flüstert um dich her!

O, wer wie du ein Kind, ein Kind noch wär'!

Zweite Scene.

Vorige. Ramon, der Kaufmann
(tritt durch die Mittelthür ein).

Donna Maria
(die Thüre des Seitengemaches schließend und ihm entgegentretend).

Sieh' da, Ramon!

Ramon.

Gehorchend deinem Rufe,

Zu deinen Füßen, hohe Königin

Donna Maria.

Nicht so! Steh' auf, Ramon, und sey willkommen!

Du widmest, hör' ich eben, zu Toledo

Ein stattlich' Haus zur Herberg' armer Waisen,

Und Pflege den Verlassenen gewährend

Ein Ehrendenkmal baust du selbst dir auf!

Ramon.

Ich that nur, Herrin, wie das Herz mir rieth!

Donna Maria.

Dein edles Herz hat Edles dir gerathen,

Und dir zu danken, rief ich dich hieher,

Im Namen meines Sohnes dir zu danken,

Der, selbst verwaist, die Fülle deiner Milde

Für seines Gleichen doppelt fühlt und schätzt!

Des Himmels Rathschluß aber fügt es so,

Daß, statt dir blos des Königs Dank zu bringen,

Ich einen Dienst von dir begehren soll!

Ramon.

Gebiete, Herrin, ford're, was es sey,

Denn als Belohnung acht' ich's, dir zu dienen!

Donna Maria.

So höre denn! Ein Feldherr, las ich einst,

Bedrängt von herben Nöthen, schnitt den Bart,

Des freien Mannes Stolz und Zier, sich ab,
Auf dieses Pfand hin Gelder sich zu borgen;
Ein Aehnliches versuch' ich nun mit dir!
Vom Scheitel lös' ich mir den Trauerschmuck
Des Wittwenschleiers, den der Tod des Gatten
So früh mir über Haupt und Leben warf,
Und biet' ihn dir für tausend Unzen Silber
Als Pfand und Bürgschaft. Rede, nimmst du's an?

Ramon.

Was sagst du? — Staunen fesselt mir die Zunge!
Du, Herrin, borgen? Pfand und Bürgschaft bieten?
Bewachte deine Huld uns arme Bürger
Nicht schützend vor dem Wüthen des Infanten,
Vor Feindeseinfall, vor des Adels Gier,
Und ist nicht Alles dein, was wir besitzen?
Nimm denn, was dein ist, nimm mit vollen Händen,
All' meine Habe nimm, und wär's zu wenig,
Mein Blut und Leben, Herrin, leg' dazu —

Donna Maria.

Ich dacht' es wohl, wer für die Waisen sorgt,
Der wird ein Herz auch für die Wittwe haben!
Hab' Dank, Ramon; doch wisse, kein Geschenk,
Ein Darleh'n ist es, das ich gegen Pfand

Und Bürgschaft von dir ford're! Gib

Mir's, wie ich's ford're! Laß in meinen Nöthen

Den Schein mich retten als das letzte Gut,

Und spare deiner Kön'gin ein Erröthen!

Ich biete dir für tausend Unzen Silber

Als Bürgschaft meinen Schleier! Nimm ihn hin!

Ramon
(knieend.)

Auf meinen Knieen laß mich ihn empfangen!

Verschlossen fest im wohlverwahrten Schrein

Bewach' als ein Juwel ich sein Gewebe,

Und zeig' ich ihn zu Zeiten meinen Kindern,

So sprech' ich: Seht, da ist das Kleinod, seht,

Da ist das Pfand der großen Königin,

Die all' ihr Gut in rastlos treuem Streben

Für ihres Kindes, für des Reiches Wohl

Bis auf des Hauptes Schleier hingegeben!

So sprech' ich, Herrin, und nun eil' ich hin,

Zur Stunde dir zu liefern, was du forderst!
(Er geht durch die Mittelthür ab.)

Dritte Scene.

Donna Maria, gleich darauf Infant Don Juan.

Donna Maria.

Arm wähnt' ich mich? Der König ist nicht arm,

Für den die Herzen seiner Völker schlagen! —

(Gegen den Eingang hinhorchend.)

Die Stimme des Infanten — Ja, er ist's!

Infant Don Juan
(durch die Mittelthür eintretend und sich der Königin nähernd).

Zu dir beschieden, Herrin, als ich eben

Hieher mich wandte, Kunde vom Befinden

Des Königs einzuziehen, laß' vor Allem

Dem ersten Antrieb, bitt' ich, mich genügen,

Und mich erfahren, ob bezwungen endlich

Des Königs Uebel deiner Pflege wich?

Donna Maria.

Er schreitet rasch der Bess'rung zu, Infant,

Und süßer Schlaf schloß eben erst sein Auge!

Infant Don Juan

(für sich).

Der Schlaf des Todes, hoff' ich.

(Laut.)

Mög' ihm bald

Der Himmel völlige Genesung schenken,

Und jeder Furcht entbinden dein Gemüth!

Und nun gebiete, Herrin! Nun beruhigt

Zu jedem Dienste steh' ich dir bereit!

Donna Maria

(für sich).

Argliftiger Verräther, sieh' dich vor!

(Laut.)

Ihr wißt, Infant, ich konnt' einst als Rebellen

Zum Tod euch führen, euch verderben lassen

In grauser Kerkernacht; doch meine Milde

Gab Leben, Freiheit, Hab' und Gut euch wieder,

Und hieß nur Treue meinem Kind euch schwören! —

Euch binden Dankbarkeit und heil'ge Eide;

Auf euch darf ich vertrauen und ich will's!

Infant Don Juan

(für sich).

Ihr Blick durchbohrt mich! — Hegte sie Verdacht? —

(Laut.)

Bedarfst du mein? Hier bin ich! Gilt's mein Blut,

Mit Freuden soll's für meinen König fließen;

Ich halte meine Schwüre, bau' auf mich!

Donna Maria.

Wohlan, vernimm denn! Mich bedroht Gefahr,
Verrath und Arglist; Einer von den Großen
Des Reiches, der dem Thron sehr nahe, fast
So nahe steht als ihr —

Infant Don Juan
(entsetzt sich abwendend, für sich).

Ich bin verrathen!

Donna Maria.

Was habt ihr? Warum wendet ihr euch ab?

Infant Don Juan.

Verleumdung, fürcht' ich, wirft Verdacht auf mich!

Donna Maria.

Auf euch, nicht doch! — Wer sollte treu mir bleiben,
Wenn ihr nicht, ihr, dem ich das Leben schenkte! —
Zwar jenem auch, von dem ich spreche, schenkte
Einst meine Gnade das verwirkte Leben,
Und dennoch wagt' er wieder frech den Sinn
Zu meines Kindes Krone zu erheben,
Ja Mörder, Mörder sandt' er aus, den König
Hinweg zu räumen —

Infant Don Juan
(für sich).

Mich verzehrt die Angst!

Donna Maria.

Begreift ihr's? Faßt ihr's? Menchelmörder, Prinz!

Infant Don Juan.

Entsetzen lähmt die Schläge meines Herzens!
Weß Leben ist noch sicher, droht Verrath
Dem heiligen, gesalbten Haupt des Königs!
Und sprich, wer ist der Frevler, und wie denkst
Du ihn zu strafen?

Donna Maria.

      Strafen? Nein! Der Mann
Ist hoher Abkunft, nah' dem Könighaus
Verwandt, und überführt ihn gleich das Zeugniß
Der Mitverschwornen, ich will nicht, Infant,
Sein Blut vergießen; ich erwarte nur
Ein reuiges Bekenntniß seiner Schuld,
Zum zweiten Mal dem Frevler zu vergeben;
Und, wißt nur, euch ersah ich mir dazu,
Des Schuld'gen Unterwerfung mir zu bringen.

Infant Don Juan
(für sich).

Ich athme auf und meine Sorge schwindet.

Donna Maria.

Ihr sollt mir beugen helfen seinen Trotz,

Erschütternd ihn zu beſſ'rer Einſicht zwingen!

Euch wird's gelingen, denn ihr ſeyd ſein Freund —

Infant Don Juan.

Sein Freund? — Ich, Herrin, des Verräthers Freund,

Ich, der mein eigen Herz in Stücken riſſe,

Und ſänn' es auch im Traum nur auf Verrath!

Donna Maria.

Ich weiß, ihr thätet ſo; drum wählt' ich euch!

Säumt denn nicht länger; ſetzt euch dort und ſchreibt;

Denn ſchriftlich will ich ſein Bekenntniß haben,

Genau ſo abgefaßt, wie jetzt ich's euch

Dictire! — Schreibt denn, ſchreibt!

Infant Don Juan
(hat ſich an den Tiſch links hingeſetzt).

Ich bin bereit!

Donna Maria.

Wohlan! — „Ich, der Infant —"

Infant Don Juan
(auffahrend).

Infant — wie Herrin? —

Donna Maria.

Wovor entſetzt ihr euch? Gibt's nicht Infanten

Von Portugal, Navarra, Aragon,

So gut wie ihr dem König nah' verwandt,

So gut wie ihr Vasallen seiner Krone?

Wer rein sich weiß, der sollt' auch stark sich fühlen! —

Schreibt, sag' ich, schreibt!

(Auf= und niedergehend und dictirend.)

„Ich, der Infant — bekenne —"

Ihr ließt doch Raum den Namen einzuschalten —

„Bekenne, daß ich gegen meinen König

„Zum zweiten Mal mich treulos frech empört,

„Ja, daß ich nach dem Leben ihm getrachtet,

„Indem ich listig" — Hier des Namens wegen

Bleibt wieder Raum — „als Helfer mir gewann,

„Ihn zu ermorden" — Habt ihr's?

Infant Don Juan
(schreibend).

— zu ermorden.

Donna Maria
(für sich).

Umsonst versuch' sein Herz ich zu erschüttern.

(Laut.)

Wo blieben wir? Ganz recht — „ihn zu ermorden.

„Ich bin des Todes schuldig. Gleichwohl flehe

„Ich demuthvoll und reuig um mein Leben,

„Bereit, ohn' weiteren Aufschub und Gericht

17*

„Die wohlverdiente Strafe zu erleiden,

„Bräch' frevelnd ich zum dritten Mal die Treue.

„Toledo — Tag und Jahrzahl — Gut, nun geht

Und bringt dem Mann dies Blatt und rathet ihm

Die Lücken mit den Namen auszufüllen!

Infant Don Juan
(der indeß aufgestanden und vorgetreten).

Die Lücken auszufüllen — Doch vergib,

Mit welchen Namen, und wer ist der Mann,

An den du mich entsendest? —

Donna Maria.

Recht, ganz recht!

Ihr wißt nicht, und wie solltet ihr auch wissen —

Nehmt diesen Schlüssel, öffnet dort die Thüre,

Ihr werdet im Gemach dort einen finden,

Der weiß den Namen und er nennt ihn euch!

(Für sich.)

Er trotzt der Mahnung, mag die Furcht ihn zwingen!

(Sie setzt sich an den Tisch rechts und blättert in den Papieren, die
sie früher von Mendoza empfangen, und dort hingelegt hat.)

Infant Don Juan
(für sich).

Dort im Gemach — Seltsam! Warum soll

Ich nicht den Namen von ihr selbst erfahren?

Und wer, wer ist es, der auf meinem Wege

Einhergeht, der nach meiner Krone strebt,

Denn mein, mein muß sie seyn zu dieser Stunde;

Mich griff er an, nicht jenen blöden Knaben,

Und Rache, Rache will dafür ich haben!

Was säum' ich noch? — Hinein!

(Er schließt die Thür auf und tritt in's Gemach; nach einer kurzen
Pause mit einem Schrei herausstürzend.)

Herr Gott im Himmel!

Der Jude — todt — entstellt — der Becher leer!

Ich bin verloren! Kein Entrinnen mehr!

(Einen Dolch gegen die eigene Brust zückend.)

Befreie du mich, eh' die Häscher nahen —

Donna Maria

(wie bisher in den Papieren blätternd, ohne sich nach dem Infanten
umzuwenden, ruhig und kalt).

Infant, wenn ihr den Namen wißt, so geht,

Und bringt ihr mir des Schuldigen Bekenntniß,

Mein Wort zum Pfand, so will ich ihm vergeben!

Infant Don Juan

(den Dolch sinken lassend).

Wär's möglich — Könnte sie — und ich — ich sollte

Selbst Zeugenschaft ihr geben gegen mich,

Ganz wehrlos mich in ihre Macht zu liefern!

Doch bin ich's nicht schon jetzt? — Es führt kein Pfad

Aus diesen Klippen, die mich rings umragen;

Nur hier ist Hoffnung noch! — Ich muß es wagen!

Wohlan! —

(Er schreibt rasch einige Worte auf das auf dem Tische links liegende
Blatt hin, und bringt es dann zögernd der Königin, die noch immer
in der vorigen Stellung beharrt.)

Infant Don Juan

(knieend).

Sieh' einen Wahnverblendeten

Im Staub zu deinen Füßen, Herrin —

Donna Maria

(ohne sich umzuwenden, das Blatt aus seinen Händen nehmend und
durchlesend).

Gut!

Der Jude Aben Esra — der Infant

Don Juan — das ist es, was ich brauchte! — Geht!

Ich halte Wort; dem Schuld'gen ist vergeben;

Ein zweites Mal erfährt er meine Gnade,

Ein zweites Mal; ein drittes Mal nicht mehr!

Genug! Kein Wort mehr, geht!

(Der Infant Don Juan geht mit gebeugter Haltung auf die Mittel=
thür zu; sobald er der Thür sich nähert, steht die Königin rasch
auf und wirft die Papiere auf den Tisch hin.)

Donna Maria.

Infant Don Juan!

(Der Infant kehrt langsam um und bleibt einige Schritte von der
Königin entfernt stehen.)

Donna Maria

(nach einer kurzen Pause).

Sagt jenem Mann, von dem wir eben sprachen,

Noch dies von mir. Ich schenkt' ihm nicht das Leben,

Statt raschen Todes steter Todesqual

Und ew'ger Schmach ihn grausam hinzugeben!

Erschüttern wollt' ich ihn, ich beugt' ihn nieder,

Daß schamgeläutert sein Gemüth sich wieder

Zurück zum Pfad des Rechtes möge wenden;

Und fürchtet er

(Eines der auf dem Tische liegenden Papiere ohne hinzublicken rasch
ergreifend und emporhaltend.)

    Dies Blatt in meinen Händen,

Als würd' fortan an leicht zerriss'nem Haar

Ein drohend Schwert ob seinem Haupt es hängen,

Sagt ihm, daß eitle Schrecken ihn bedrängen,

Ja sagt ihm, bebt er dennoch der Gefahr,

Ich hätte, ganz ermuthigt ihn zu wissen,

Ich hätt' in eurer Gegenwart

   (Sie zerreißt das Blat, das sie in den Händen hält.)

      zerrissen,

Was ihm so wichtig, mir so unnütz war,

Weil ich ihm eben wahrhaft, ganz und gar

Und ohne Rückhalt königlich vergeben!

Infant Don Juan
(ihr zu Füßen sinkend).

O meine Königin —

Donna Maria.

Genug, genug!

Dem guten Vorsatz ziemt ein ernstes Schweigen,

Und Reue spricht in Thaten! — Geht mit Gott!

(Der Infant geht durch die Mittelthür ab.)

Vierte Scene.

Donna Maria
(wieder an den Tisch tretend).

Es ist gelungen! — Tief erschütternd drang

Die Warnung dieser Stunde ihm in's Leben,

Und als er mich das Blatt zerreißen sah —

Wie, täuscht mich nicht mein Auge? Seh' ich recht?

Nicht sein Bekenntniß war's, das ich zerriß! —

Zugreifend blindlings faßte meine Hand

Das Blatt, das vorhin mir Mendoza brachte,

Und dieses trägt die Züge des Infanten!

Wie, wär' dies eine Warnung des Geschickes,

Ein Wink des Himmels, dieses Blatt zu wahren? —

So ist's, so ist's, und ich gehorch' dem Wink!

Versiegelt übergeb' ich es Ramon;

Der laß' es wohlverwahrt und tief verschwiegen,

Ein kostbar Pfandstück mehr für meine Schuld,

Im sichern Schrein bei meinem Schleier liegen

Und kommt dann — Horch — wer naht so raschen Schrittes.

———

Fünfte Scene.

Vorige. Mendoza
(durch die Mittelthür hereinstürzend.)

Mendoza.

Gebieterin! —

Donna Maria.

Was bringst du? Welche Hast —

Mendoza.

Ein Treffen ist geschehen am Duero

Und Don Diego, Königin —

Donna Maria.

Er ist

Verwundet, todt! Sprich, laß mich Alles wissen!
Von deinem Worte leb' ich oder sterbe!

Mendoza.

Was zagst du, Herrin? Don Diego lebt —

Donna Maria.

Er lebt, er lebt!

Mendoza.

Und siegreich warf er, wisse,
Die Schaaren Portugals in heißer Schlacht
Zurück —

Donna Maria.

Gleichviel, er lebt!

Mendoza.

Noch mehr! Er selbst ist hier
Die Botschaft dir zu bringen —

Donna Maria
(mit einer Bewegung gegen die Mittelthür hin).

Er ist hier!

Wo ist er, wo —

(Innehaltend, nach einer Pause für sich.)

Was will ich, was beginn' ich?
Weh' mir! Ist das mein Vorsatz, meine Kraft?

Mendoza.

Gefällt Dir's Don Diego vorzulassen?

Er bittet um Gehör —

Donna Maria.

Er bringt uns selbst

Die Kunde seines Sieges! Mit Befremden,

Mit Staunen hör' ich's! Er verfolgt

Nicht seinen Sieg, er weicht vom Heer, er wagt,

Der Feldherr und dem Feinde gegenüber,

Vom Heer zu weichen!

Mendoza.

Wie? Du kannst ihm zürnen?

Der Feind ist aufgerieben, Königin,

Zerstreut in alle Winde! — Ueberdies

Verließ er auch —

(Auf Don Diego zeigend, der während der letzten Rede der Königin
eingetreten.)

Doch sieh', hier ist er selbst,

Und so vernimm den Rest aus seinem Munde.

Sechste Scene.

Donna Maria. Don Diego.

Donna Maria

(während Mendoza durch die Mittelthür abgeht, von Don Diego's
Anblick erschüttert, sich rasch dem Vordergrund zuwendend).

Er ist's, er ist's! — Die Sinne schwinden mir —

Don Diego

(der Königin sich nähernd).

Wenn ungerufen auch und unwillkommen,

In sich'rer Ruhe, keiner Schuld bewußt,

Gebeugt von deinem Zorn, doch meinem Recht

Vertrauend, Königin, begrüß' ich dich.

Donna Maria

(für sich).

Ihr Himmelsmächte, rettet, steht mir bei,

Ersticket mir des Herzens Sehnsuchtsschrei.

Don Diego.

Du wendest zürnend deinen Blick von mir!

Leichtsinnig wähnst du mich und pflichtvergessen,

Weil ich das Heer verlassend eigenmächtig

Hieher mich wandte! — Herrin, wisse denn,

Ich bin —

Donna Maria
(ihn unterbrechend, gereizt).

Der Herr Biskaya's, meint ihr wohl?

Ihr meint vielleicht, es stünde mir nicht zu,

Euch, der mein Bundgenosse und ein Fürst

Wie ich, euch, der ein Retter erst mir nahte,

Mit herbem Wort verweisend zu begegnen?

Ich sollte, meint ihr wohl —

Don Diego.
Halt ein! Nicht weiter!

Du glaubst nicht, kannst nicht glauben, was du sprichst;

Worin ich auch gefehlt, und wie auch schwer

Dafür dein hartes Wort mich strafend treffe,

Du weißt wohl, ich bin dein mit jeder Fiber,

Mit jedem Pulsschlag meines Herzens dein!

Du weißt, mich reizt kein Ruhm als dir zu dienen,

Mir blüht kein Glück, als nur in deinem auf!

Und eil' ich erst vom Schlachtfeld weg hieher,

So that ich's, wisse, weil sich in des Feindes

Erstürmtem Lager wicht'ge Briefe fanden,

Des Inhalts, daß Gonzalo de Padilla,

Manrique Lara, der Infant Don Juan

Mit Aragon und Portugal sich frech

Zu deinem Sturz verschworen —

Donna Maria.

Der Infant!

Wie, fehlt sein Name nirgend, wo Gefahr

Mir droht! — Um dieser Nachricht willen also,

Um mich zu warnen eiltest du hieher?

Don Diego.

Zu warnen und zu helfen, Königin,

Denn reif ist Alles und der Ausbruch nahe;

Doch sorge nicht! — Nichts soll Verrath und Trug

Und schnöde Arglist den Verruchten nützen,

Ich wache, dich zu schirmen und zu schützen!

Donna Maria
(ängstlich aufgeregt).

Wie, schützen? Meinst du bleiben? — Nein, du darfst,

Du darfst nicht! — Nein, du mußt zum Heer zurück,

Des Reiches Grenzen mir zu hüten! — Schützen!

Ich weiß mich selbst zu schützen, gegen Freund

Und Feind zu schützen — Kehr' zum Heer zurück!

Don Diego.

Ich gehen — gehen — jetzt? Ich dich verlassen?

Ich ferne seyn, wenn dich Gefahr umringt,

Erwarten bis ein Bote Kundschaft bringt,

Wie dieses ablief, jenes ausgeschlagen?

Und das, das, meinst du, würde ich ertragen,

Ich würde gehen, meinst du? — Nein, ich bleibe;
Hier steh' ich und ich weiche nicht von hier!

Donna Maria

(in zorniger Aufregung).

Du gehst, bei meinem Zorn, du gehst, Diego!
Noch heute, jetzt gleich kehr' zum Heer zurück,
Ich will es, sag' ich —

Don Diego

(nach einer Pause).

Ich gehorche!

(Er entfernt sich langsam; nach einigen Schritten rasch umkehrend
und sich der Königin zu Füßen werfend.)

Nein,

Thu's nicht, Maria, send' mich nicht von dir;
Auf meinen Knieen steh' ich, laß mich bleiben!
Du kennst nicht die Gefahren, die dir drohen,
Und wem vertraust du, wenn du mich verbannst?
Ist aber, wie ich lange, lange schon
Mit jeder Stunde bitt'rer es empfinde,
Ist meine Nähe, ist mein Anblick dir
Verhaßter noch und schrecklicher, als selbst
Die Schrecken der Empörung, nun so laß,
Laß fern umkreisen nur dein theures Haupt
Wie ein unnahbar Kleinod mich bewachen.

Nur deines Hauses Schwelle laß mich hüten,

Und fürchte keinen Mißbrauch deiner Gunst!

Zog erst der Sturm vorüber, strahlt erst wieder

Vom blauen Himmel Sonnenschein dir nieder,

Dann will ich gehen, will im Felsgeklüft

Der Heimat mich begraben, will auf ewig

Vom Anblick meiner Züge dich befreien!

Bis dahin nur, bis dahin laß mich bleiben!

Bei uns'rer Jugend sonnenhellen Tagen,

Nur diesen Kampf noch laß für dich mich wagen,

Nur jetzt, Maria, send' mich nicht von dir!

Donna Maria
(für sich, indem sie die Hände an's Herz drückt).

Brich, doch bezwing' dich!

(Laut mit schwankender Stimme.)

Nein, Diego, nein!

Du mußt, mußt gehen! — Hör' der Kön'gin, hör'

Maria's Bitten, kehr' zum Heer zurück!

Geh', sag' ich, geh' und wenn ich ungerecht

Im Unmuth dich mit rauhem Wort verletzte,

Vergib mir's! Gib die Hand mir drauf, daß du —

(Sich umwendend um ihm die Hand zu reichen, gewahrt sie, daß
Diego die linke Hand, unter den Mantel verborgen, in der Schlinge
trägt; mit einem Schrei auffahrend.)

Weh' mir! — Verwundet — Blut — Dein Blut —

Don Diego.

Ein Streich,
Der schlecht genug im Arm traf, statt im Herzen!

Donna Maria
(außer sich).

Im Herzen! Sterben meinst du — du mir sterben! —
Du darfst nicht, darfst nicht sterben! — Du sollst nicht
Zum Heer zurück! — Hier sollst du bleiben, wo
Mein Auge dich bewacht! — Nein, nein — hier droht
Verrath, Empörung, Aufruhr — du mußt fort,
Mußt dennoch fort —

Don Diego.
Maria! —

Donna Maria.

Dort und hier! —
Die Angst verwirrt mich — da und dorthin schwanken
Im Wirbelkreise fluthend die Gedanken!
Entfern' dich — bleib' — nein, geh', doch lebe,
Diego, lebe, wenn ich leben soll!

Don Diego.

Maria, wach' ich, träum' ich? Süß berauschend weht's
Wie Zauberduft mich an aus deinen Worten,

Es treibt mich fort mit übermächt'gem Triebe
Und zitternd meine Arme streck' ich aus,
Und aus der tiefsten Seele bricht's heraus:
Maria, liebst du mich, wie ich dich liebe?

Donna Maria.

Bild meines Kindes, tritt vor meine Seele
Und schütz' mich vor mir selber! Fort, hinweg!
Die Scham verzehrt mich! Fort!

Don Diego.

(ihr in den Weg tretend).

Du sollst nicht, bleibe!

Donna Maria.

Berühr' mich nicht!

(Nach einer Pause).

Du kehrst zum Heer zurück,
Vor Escobedo schleunig es zu führen;
Dort vor der Burg der Lara's treff' ich dich,
Im Keime die Verschwörung zu ersticken,
Eh' drohend sie zum Giftbaum aufgegrünt!
Dies ist mein Wille! Eil' ihn zu vollziehen!
Ich geh' zu meinem Kinde, folg' mir nicht!

(Sie geht in das Seitengemach links ab.)

Don Diego.

Diego, lebe, wenn ich leben soll!

Und lenkte sie zur Hölle meinen Schritt,

Den Himmel dieses Wortes nehm' ich mit!

(Indem er rasch durch die Mittelthür abgeht, fällt der Vorhang.)

18*

Vierter Akt.

Escobedo.

Saal; im Hintergrund ein weiter Bogen mit einem Vorhang, der
geöffnet den Blick in eine Vorhalle gewährt. Links und rechts Seiten=
thüren. Rechts im Vordergrund ein Tisch und Stühle, links gegen=
über ein Bogenfenster.

———

Erste Scene.

In der festlich beleuchteten Vorhalle sitzen an einer glän=
zenden Tafel der Infant Don Juan, Don Manrique
de Lara, Don Gonzalo de Padilla und andere
Edelleute. In der Ferne Musik.

Don Manrique
(mit den Uebrigen sich von der Tafel erhebend).

Genug getafelt! Laßt den Ernst nun walten!

Die Jugend juble in Gesang und Tanz,

Uns Männern aber, unter Festesprangen

Das Ziel, nach dem wir trachten, schlau verbergend,

Uns laßt zum Rathe still zusammen treten!

(Er winkt; der Vorhang im Hintergrund der Bühne wird geschlossen
die Musik währt fort.)

Wir sind allein! Sey denn vor Allem, Herr,

An dich mein Wort gerichtet! Nimmst du, rede,

Die Punkte an, die wir dir vorgelegt?

Versprichst du uns, ein besser Regiment

Zu führen, nicht wie diese Königin

Von uns zu wenden deiner Gnade Strahl,

Und frechem Pöbel deine Gunst zu schenken.

Don Gonzalo.

Versprichst du uns, auf unsern Rath zu hören,

In unsern Rechten standhaft uns zu schützen?

Versprichst du's? Rede, was besinnst du dich?

Don Manrique.

Versprichst du dies, und willst du's uns beschwören,

So wollen deine Hoheit huldigend

Als König von Castilien wir erkennen,

Und wenn du treulich deine Eide hältst,

Dir auch gehorsam seyn und Treue halten;

Wenn aber nicht, dann nicht!

Die Uebrigen tumultarisch.

Dann nicht! Dann nicht!

Don Manrique.

Du schweigst, Infant! — Wie deuten wir dein Schweigen?

Don Gonzalo.

Erklär' dich! Gehst du unf're Ford'rung ein?

Ja oder nein! Es braucht nicht vieler Worte!

Infant Don Juan.

Wär' ich der Mann noch, der ich war, ihr Herren,

Und hättet ihr vor wenig Wochen noch

So tolldreift frech wie jetzt mir zugemuthet,

Nicht euer König, nur der Pflock zu werden,

An den ihr gern den Purpurmantel hingt,

Daß nicht im Schrein die Stickerei verbleiche,

Ich hätte, denk' ich, längst mit meinem Schwert

Die Antwort auf die Stirne euch geschrieben —

Don Gonzalo
(die Hand am Schwerte).

Wie, Gottes Blitz —

Infant Don Juan.

Geduld! Geduld, und laß

Den Schwertgriff fahren! Heute ist nicht gestern

Und ich, Gonzalo, bin der Mann nicht mehr!

Braucht euren Vortheil denn, beschneidet nur

Die Adlerschwingen königlicher Macht,

Stumpft ihre Klauen ab und bindet sie

Mit Eiden, mir gilt's gleich! Ich will nicht mehr

Castiliens König seyn! Ich will mich rächen,

An dieser Königin mich rächen, Hohn

Für Hohn und Schmach für Schmach zurück ihr geben!

Gewährt mir dies und Alles geh' ich ein,

Selbst eines Königs — Schatten nur zu seyn!

Don Gonzalo.

Ein Mann, ein Wort, Infant! Begehrst du Rache,

Du sollst sie haben und im Uebermaß!

Wir überfallen sie so rasch, so plötzlich,

Als fiel' der Himmel über'm Haupt ihr ein,

Und unser sollen Nest und Küchlein seyn,

Wie auch die Henne ihr Gefieder sträube!

Infant Don Juan.

So sicher des Erfolges dünkt ihr euch?

Und kennt ihr auch den Feind, mit dem wir kämpfen?

Kennt ihr dies Weib, voll männlich starkem Geist,

So trugvoll schlau, als trotzig und verwegen?

Und wißt ihr, was sein kecker Muth vermag,

Wie weit sein Aug' dringt, seine Arme reichen?

Ich weiß es, ich, und wüßtet ihr's, wie ich,

Ihr kämt zur That, ihr hofftet nicht auf Hilfe

Von Portugal und Aragonien mehr,

Ihr zögt das Schwert und würft die Scheide weg!

(Die Musik verstummt plötzlich, dumpfes Geräusch außer der Bühne.)

Was war das? — Horch — Geräusch von Waffen!

Don Gonzalo und andere Stimmen.

Wie?
Was sagt ihr? Waffen —

Don Manrique
(begütigend).

Still doch, still! Ein Tanz,
Ihr Herren, ging' zu End' und der Musik
Verstummen läßt nun rauschender empor
Des Festes Jubel dringen! — Das ist Alles;
Hegt keine Sorge! Stehen gleich weit offen
Die Thore dieser Burg, gerade weil
Wir sorglos scheinen, sind wir sicher! Laßt
Uns denn in Ruhe des Infanten Rath
Erwägen —

Don Gonzalo.

Der Infant hat Recht! Erwägen?
Worauf noch warten, was erwägen wir?
Bereit ist Alles, nun so brech' es los!

Don Manrique.

Doch geht die Sage — und gefährlich scheint's
Für unsern Anschlag — nach Toledo habe,
Als dächt' Verstärkung sie an sich zu ziehen,
Die Königin das Heer zurückberufen!

Don Gonzalo.

Nun ja, so that sie! Ich vernahm davon;

Doch weniger, vermuth' ich, nach dem Heer,

Als nach dem Feldherrn, dem Biskaper, steht

Ihr Sinn. Sie zieht das Heer an sich, im Stillen

Den Spielgenossen, denk' ich, an ihr Herz

Zu ziehen, und wohl mehr von Schwäche dürfte

Als von Verstärkung hier die Rede seyn!

Infant Don Juan.

Die Heuchlerin! Darum verwarf sie mich!

Don Maurique.

Die Königin und Don Diego, wie —

Don Gonzalo.

Ei, wißt ihr's nicht! — Sie waren Liebesleute,

Und etwas mehr, als sie Don Sancho freite;

Nach seinem Tod nun kehrt zum alten Glück,

Was früh sich liebte, still vergnügt zurück!

Zweite Scene.

(Während der letzten Reden hat sich der Vorhang im Hintergrund
der Bühne geräuschlos geöffnet und man erblickt in der Vorhalle die
Königin von Mendoza, Don Diego und zahlreichen
Bewaffneten umgeben.)

Donna Maria

(noch im Hintergrund der Bühne).

Sprecht leiser, daß die Kön'gin euch nicht höre!

Don Maurique.

Die Kön'gin!

Don Gonzalo.

Tod und Teufel!

Infant Don Juan

(zieht).

Zu den Waffen!

Verschiedene Stimmen.

Verrath! Wir sind verloren!

Infant Don Juan.

Steht und kämpft

Für euer Leben!

Donna Maria

(in Begleitung Mendoza's und Don Diego's rasch vortretend.)

Halt, die Waffen weg!

Die Burg ist unser; raschen Anlaufs brachen

Zum Feste ungeladen wir herein.

Ergebt euch, denn die euren sind gefangen,

Und folgt ihr gutem Rath, so kniet und fleht

Um Gnade, Hochverräther!

(Die Verschwornen mit Ausnahme des Infanten Don Juan knieen.)

Infant Don Juan.

O hielte jetzt die Welt ich in den Händen

Wie dieses Schwert hier, so zerbräch' ich sie!

(Er zerbricht das Schwert und wirft die Stücke weg.)

Donna Maria

(zu den Verschwornen).

Steht auf und harrt in Demuth eures Urtheils!

(Vortretend zu Don Juan.)

Infant Don Juan! Ihr beugt nicht euer Knie

Und ihr thut recht; denn euer Maß ist voll!

Für euch ist keine Gnade, kein Vergeben!

Infant Don Juan.

Ich fleh' nicht um mein Leben; nimm es hin!

Donna Maria.

Ich sollt' es nehmen, denn ihr habt's verwirkt,

Im frechen Wahn zum dritten Mal verwirkt;

Doch wenn gleich Strafe eure Frevel heischen,

Nicht rühm' sich euer Trotz, so ganz und gar

Erschöpft zu haben meiner Langmuth Born,
Daß, Uebermaß mit Uebermaß vergeltend,
Kein Tropfen des Erbarmens übrig blieb.
Lebt denn, Infant, lebt kommenden Geschlechtern
Ein Beispiel hingestellt, wie Unrecht sich
Im eig'nen Netz verstrickt. Und so fahrt hin
Auf immer!

(Zu ihrem Gefolge gewendet.)

Bringt den Fürsten nach Medina,
Und setzt im weißen Thurme ihn in Haft!

Infant Don Juan.

Ich will nicht, will nicht leben! Tödte mich!
Ich hasse deine gleißnerische Milde,
Und hasse dich und hasse deinen Knaben,
Und Haß wie dieser, der mein Mark verzehrt,
Sprengt alle Ketten, bricht durch alle Mauern,
Und wenn ich je entkäme, sieh' dich vor,
Du möchtest diese Stunde noch bedauern.

Donna Maria
(nach kurzer Pause).

Es bleibt bei meinem Spruche! Bringt ihn fort!

Infant Don Juan
(während er nach dem Hintergrund abgeführt wird).

So sey der Leib verflucht, der mich getragen,

Der Tag, der mich gebar! Fluch diesen Memmen,

Und Fluch, Fluch über dich und deine Brut,

Und über den Biskayer, deinen Buhlen!

Don Diego
(die Hand am Schwertgriff).

Wie, Frecher, wagst du —

Donna Maria.

Halt! Zurück, Diego!

Beschimpft mich nicht, indem ihr mich vertheidigt!

Er fand, was er verdiente; fahr' er hin!

(Nach einer Pause zu den Verschwornen.)

Und nun zu euch! Fürwahr, ihr dauert mich!

Ihr habt zu meinem Sturze euch verschworen,

Und fandet selbst, was mir bereitet war;

Verräther seyd ihr, doch nicht mich, euch selbst

Verriethet ihr; ihr seyd Verbrecher, doch

Bei weitem mehr noch Thoren als Verbrecher!

Und darum eben thut mir's leid um euch,

Denn wär's nicht um der Güter willen, die

Als Pfand ihr theils, theils unter anderm Vorwand

Verrätherisch der Krone abgelistet,

Und die nach Landesrecht nur euer Tod

Zurück gibt wieder dem verarmten Schatze,

Wär' diese Rücksicht nicht, bei meinem Eid,

Ich schenkt' euch zahmen ungefährlichen
Verschwörern gern das Leben!

Don Manrique.

Königin,

Dir war der Himmel gnädig, sey es uns!
Nicht blos dies Schloß, auch Lerma und Amaya,
Was wir besitzen von der Krone Gütern,
Nimm Alles hin —

Don Gonzalo.

Und nimm von unserm Erbe
Den besten Theil dazu, nur laß uns leben,
Besiegt, entwaffnet, aber leben doch!

Donna Maria.

Wohlan denn! Folgt Mendoza, meinem Kanzler,
Das Dokument zu unterzeichnen, das
Er vorbereitet! Stellt für eure Treue
Mir Geiseln und seyd frei! Still, nichts von Dank,
Dies war ein Handel nur und keine Gnade;
Folgt meinem Kanzler!

(Während die Verschwornen von Mendoza begleitet im Hintergrund
abgehen.)

Ihr, Diego, aber

Tragt Sorge, daß mein Sohn und Herr, der König,
Den ferne der Gefahr wir vor den Thoren

Des Ueberfalls Erfolg erwarten ließen,

Nun diese Burg betrete; sie ist sein!

(Don Diego geht im Hintergrund der Bühne ab; hinter dem Ab
gehenden fällt der Vorhang der Vorhalle zu, so daß die Königin
allein auf der Bühne zurückbleibt.)

Donna Maria

(tritt gedankenvoll an den Tisch rechts und setzt sich; nach einer Pause)

Auch dies vollbracht! — O wär's noch zu vollbringen!

Läg' irgend Etwas, wär's Bedrängniß auch

Gefahr und Unruh', noch vor mir, und schöbe

Die nächste bitt're Stunde mir hinaus!

Doch keine Hoffnung ist mehr, kein Verzögern!

Schon wuchern der Verläumdung scharfe Dornen

Mir unter'm Fuße, schon bewirft die Lüge

Mit Schlamm den weißen Mantel meines Rufes

Und Tücke und Gemeinheit zerren dran

Und rissen gern ihn ganz von meinen Schultern!

Sie sollen nicht! Erhielt ich unversehrt

Auf meines Sohnes Haupt Castiliens Krone,

Und sollte seinem Herzen unbefleckt

Und rein das Bild der Mutter nicht bewahren?

Ich muß, ich will es!

     Aber du dort droben,

Du, der die Wunden meiner Seele schaut,

Um Eins nur fleh', ich, Herr, zu dir empor,

Was meine Seele leidet, Herr der Welten,
An ihm, an ihm mit Segen zu vergelten!
Nur dies gewähr'! Nur nicht vom Schmerz zerrissen,
Nur glücklich laß den Freund mich, glücklich wissen,
Um mich und meine Zukunft frag' ich nicht!

———————

Dritte Scene.

Donna Maria. Don Diego
(tritt ein; der Vorhang bleibt geschlossen).

Don Diego.

Die Kunde deines Sieges überholte,
Wie sehr ich eilte, Herrin, meinen Schritt;
Ich traf den König auf dem Wege schon,
Und mit ihm, wisse, ziehen auch die beiden
Caravajal's dir unverhofft herein,
Und bringen wicht'ge Botschaft dir vom Heer,
Das gegen Aragon die Grenzen hütet,
Und wenn es dir genehm, so eil' ich —

Donna Maria.

Nein!
Nicht jetzt — Ich will sie jetzt nicht sehen — Bleib'!

Don Diego.

Du scheinst beklommen! Deine Stimme zittert!

Donna Maria.

Ich hab' mit dir zu reden! Hör' mich an!

Don Diego.

Was hast du? Was bewegt dich? Rede, sprich!

Donna Maria.

Gedenkst du noch, Diego, wie daheim
Der Vater, wenn uns ein Vergehen drückte,
Ein Wunsch uns flammend in der Seele brannte,
Und wir vertrauend dann zu ihm gewandt,
Mit heißen Bitten flehend ihn bestürmten,
Gedenkst du noch, wie rühmend er des Einen
Sich stets erfreute, uns'rer Offenheit,
„Nur dies bewahrt euch," sprach er — Weißt du noch? —
„Wohin euch auch des Lebens Strömung führe,
„Nur Täuschung wehrt euch ab, und was auch komme,
„Seyd wahr mit euch, mit Gott und euren Freunden!"

Don Diego.

So sprach er, ja! Und wir gelobten ihm's
Und Wahrseyn blieb die Losung uns'res Lebens!

Donna Maria.

Und sind wir wahr, und wenn wir's sonst gewesen,

Sind wir es jetzt und sind wir's gegen uns?

Statt Täuschung abzuwehren, treiben wir

Ein frevles Spiel mit halben Worten nicht,

Als wäre nicht, wovon wir uns nichts sagen?

Belügen wir uns nicht? Du mich mit scheuer Ehrfurcht,

Ich dich mit eitler Hoheit leerem Prunk?

Diego, laß uns wahr seyn! Laß nicht Reue

Uns ihre Dornen in die Seele senken;

Nur Wahrheit ist es, die uns Rettung gibt,

Wir lieben uns und wissen uns geliebt,

Laß wahr und ernst den Ausgang uns bedenken!

Don Diego.

O sprich, sprich mehr noch! Himmlische Musik

Sind deine Worte, und wie Thau des Himmels

Saugt dürstend sie mein welkes Leben auf!

Du liebst mich noch wie du mich liebtest, ehe

Noch Sancho zwischen uns're Herzen trat,

Und schwiegst du auch als frei von deinen Banden

Der Himmel wieder uns zusammenführte,

Nicht Hohn, nicht Kälte, Prüfung war dein Schweigen

Jetzt brachst du es, und gabst dich mir zu eigen,

Jetzt, Seele meiner Seele, bist du mein!

Donna Maria.

O still, Diego!

Don Diego.

Bilder meines Glückes,

Nun seyd ihr Wahrheit, keine Träume mehr!

Bist du nicht frei und liebst mich? Bin ich nicht

Ein freier Fürst wie du, dir ebenbürtig?

Was zögern wir? Sey mein, ganz mein, Maria!

Donna Maria.

Dein nennst du mich, Diego! Ja, ich bin's,

Dir zum Altare folgen und dann sterben,

Mit Wonne, mit Entzücken ging ich's ein;

Doch wie die Tochter einst dem Wunsch des Vaters,

Gehorcht die Mutter nun dem Ruf der Pflicht!

Ich darf die Hand, die du mir beutst, nicht fassen;

Ich kann — ich will von meinem Kind nicht lassen!

Don Diego.

Wie, sollst du's denn? Und würde nicht dein Kind

Auch meines, drei= und vierfach meines seyn,

Weil's dein ist? Würde nicht, ein zweiter Vater,

Wie meinen Augenstern ich's sorgend hüten?

Wie, oder nicht? Mißtraust du mir? Du mir?

Donna Maria.

Ich weiß, du gäbst dein Blut für meinen Knaben;

19*

Doch weiß ich auch, Castiliens Recht entzieht
Der Witwe, die zu neuem Eh'bund schreitet,
Die Mutterrechte, die Natur ihr gab.
Vermählt' ich mich, so fiele dem Infanten
Des Königs Obhut, die Regentschaft zu.
Begreifst du nun, was uns're Herzen trennt?
Diego, darf ich meines Sohnes Haupt
Den Händen seiner Mörder, seine Reiche
Den Gräueln ihrer Raubgier überliefern?
Diego, wär' ich werth noch dein zu seyn,
Verließe ich, die Kön'gin, ihre Völker,
Ich, seine Mutter, mein verwaistes Kind!

Don Diego.

Maria, wie, du wolltest — Hör' ich recht,
Verwitterten Gesetzen wolltest du
Dein Herz, dein Glück wie mein's zum Opfer bringen?
Wir lieben uns, laß nicht Castiliens Recht
Uns heil'ger sein als uns'rer Herzen Rechte.
Beruf' den Reichstag, laß von deinem Volk
Des thörichten Gesetzes dich entbinden!

Donna Maria.

Und der Infanten Anhang, ihre Macht!
Gewalt nur löst die Fesseln, die ich trage.

Don Diego.

So brauch' Gewalt! Bewahr' dein Kind, sey mein,
Und löse mit dem Schwerte, was dich bindet!

Donna Maria.

Und wieder loderte in hellen Flammen
Des Bürgerkrieges kaum erstickter Brand,
Und wieder schwebte auf des Schwertes Spitze
Das Erbe, ja das Leben meines Kindes,
Und wieder rasten ungezügelt rings
Kampf, Greuel und Verheerung — Nimmermehr!

Don Diego.

Wohlan, es sey! Bestehe das Gesetz,
Doch was sein Spruch versagt, gewähre uns
Beglückend das Geheimniß! Segnend weihe
Des Priesters Spruch im Stillen unsern Bund!
Wenn je mein Bild in deiner Seele lebte,
Dein Herz dem meinen je entgegen bebte,
Versag' mir's nicht! Sey mein, Maria, mein!

Donna Maria.

Laß ab — Nicht weiter — Schone meiner Schwäche!
Verwirre nicht berückend mir den Sinn!
Vernahmst du nicht, wie tückisch schlau Verläumdung,
Daß hilfreich du ein Retter mir erschienen,

Daß schützend du in meiner Nähe weilst,
Als schnöder Lüste Proben und Beweis
Uns angerechnet, und du willst, wenn Lüge
Auf leeren Anschein hin so arg uns lästert,
Noch Grund und Wahrheit leihen dem Gerücht?
Du könntest mich, mich, die du liebst, Diego,
Als deine Buhlerin verachtet wissen,
Und müßtest wehrlos schweigend es ertragen
Und dürftest nicht, daß ich dein Weib bin, sagen.
Und ich —

Don Diego.

Halt ein! Eh' tausend Tode sterben,
Als nur mit einem Schatten, einem Hauch
Den blanken Spiegel deiner Ehre trüben! —
Nichts mehr davon, nichts mehr! — Doch welchen Weg
Nun folgen? — Du verwirfst Gewalt wie List,
Und weil' ich dir zur Seite wie bisher,
So wird Verläumdung — sagtest du nicht so? —
Ob schuldlos auch, der schlimmsten Schuld uns zeihen! —
Was wähl' ich, was ersinn' ich? Eng und enger
Von Netz und Banden fühl' ich mich umstrickt,
Und finst're Ahnung preßt mein Herz zusammen!
Zu dir, Maria, laß zu dir mich flüchten!
Sprich du mein Urtheil; wähle du für mich,

Und ist ein Pfad, der rettend aus dem Dickicht,

Aus Nacht und Dunkel uns zum Ziele führt,

So reich' die Hand mir, Engel, mich zu führen,

Der ist es, sag' mir, da hinaus! — Du schweigst!

Du blickst zum Himmel auf! — Dort, meinst du, dort!

So ist kein Retten, keine Hoffnung mehr,

Das längst Geahnte, still Gefürchtete

Ist da, ist Wahrheit, Wirklichkeit geworden,

Zum zweiten Male bist du mir verloren! —

Donna Maria.

Diego ---

Don Diego.

Nein, sprich jetzt nicht, jetzt zu mir!

Schmerz zuckt durch alle Fibern meiner Seele;

Mein Herz verblutet, laß mein Herz gewähren!

(Er verbirgt sein Gesicht in den Händen und wendet sich ab.)

Donna Maria
(für sich).

Maria, Heil'ge! Meine Stärke schwand;

Mein Herz will brechen; nimm's in deine Hand!

Don Diego
(nach einer Pause).

Warum noch zögern, langsam tief und tiefer

Den Dolch in's Herz mir drücken? Besser rasch

In's Leben treffen und auf einmal sterben;

Und so wach' auf in mir, Sohn meiner Väter,

Und Träume meines Glückes, fahret hin!

(Er geht rasch auf den Vorhang im Hintergrund der Bühne zu, und
ruft ihn halb öffnend hinaus.)

Hernando Diaz!

Donna Maria
(sich ängstlich Diego'n nähernd).

Bleib, wohin, Diego —

Don Diego
(zu einem Ritter, der mittlerweile durch den halbgeöffneten Vorhang
eingetreten).

Hernando, geh' und heiße meine Reiter

Im Sattel bleiben, denn wir brechen heut',

Noch diese Stunde nach der Heimat auf!

Donna Maria
(während der Ritter schweigend abgeht).

Diego, wie, du wolltest —

Don Diego.

Was ich muß!

Es ist kein Pfad, den Pflicht mir nicht versperrte,

Als nur der dunkle Steig, der Scheiden heißt!

Donna Maria.

Diego — Scheiden — Heute noch dich sehen

Und morgen nicht mehr! Heute noch die Welt

Von Sonnenschein erfüllt und Glanz und Farben,

Und morgen nicht mehr, denn der Morgen bringt

Dich nicht mehr, bringt den Tag nicht wieder! — Nein,

Du darfst nicht scheiden! Bleib', Diego, bleib'!

Fahr' Alles hin! Pflicht, Ehre und Gewissen,

Ich wage Alles, Alles setz' ich ein!

Ich will dir leben, mein will ich dich wissen,

Ich war nie glücklich, ich will glücklich seyn!

Don Diego.

Du liebst mich; ja, und nie empfand ich's tiefer,

Nie schmerzlicher und seliger zugleich,

Als jetzt, da du vor Schmerz mich zu bewahren,

Das herb're Leid, den tiefern Schmerz erfahren,

Mir deiner Seele Frieden opfern willst!

Du aber sollst des Geistes lichte Schwingen

Nicht tauchen in des Unrechts trübe Fluth,

Sollst nicht um Glück bemüht, nur Tod erringen,

Denn Schuld ist Tod; du aber, du sollst leben,

Sollst sonnengleich hinwandeln deinen Pfad,

Sollst, eine Heil'ge, schützend mich umschweben,

Dann bleibst du mein! Denn ob die Welt uns trenne,

So lang die Herzen unentweiht und rein

Sich liebend ihrer würdig noch erkennen,

So lang, Geliebte, bist du mein noch, mein!

Donna Maria.

Ich laß' dich nicht! Du sollst nicht scheiden! Bleib',
Diego, bleib'!

(Kriegerische Trompetenmelodie außer der Bühne.)

Don Diego.

Biskaya's Hörner tönen,

Und laden sie zur Heimkehr meine Schaar,

Mich wollen sie aus meiner Heimat drängen,

Aus deiner Nähe, die mir Alles war!

Wie Nebel wogt's und schwimmt's vor meinem Blicke —

Leb' wohl, leb' wohl! Der Arm, der dich umfängt,

Hat bald zum letzten Male dich umfangen!

O laß dein Herz noch an dem meinen hangen,

Wenn er auch nicht mehr, nicht mehr dich umfängt;

Bleib' mein, Maria, mein! — Stark war mein Herz

Und trotzte mannhaft jeglichem Geschicke!

Leb' wohl! Mit diesem Worte bricht's in Stücke!

Auf Wiedersehen dort, Maria, dort!

(Er stürzt rasch im Hintergrund der Bühne ab. Donna Maria,
Anfangs wie betäubt dastehend, eilt dem Abgegangenen stürmisch nach.)

Donna Maria.

Bleib', bleib', Diego!

Vierte Scene.

(Der Vorhang im Hintergrunde der Bühne öffnet sich, und man erblickt die Vorhalle mit dem Gefolge des Königs erfüllt, an dessen
Spitze **Don Juan** und **Don Pedro Carajaval**. Nach
einer Pause treten sie Alle langsam und geräuschlos vor, während
Donna Maria bei ihrem Anblick zusammenschrickt und ihren Schleier
über sich werfend in den Vordergrund der Bühne zurückschwankt.)

Don Juan Caravajal.

Königin, es führt

Ein unerwartet, wunderbar Geschick

Uns, deine Feldherrn, eh's zum Streit gekommen,

Und dennoch sieggekrönt zu dir zurück!

(Er hält inne, da die Königin nicht antwortet, fährt er fort.)

Du sandtest uns mit deinen Schaaren aus,

Die Grenzen gegen Aragon zu hüten,

Und wirklich brach Don Pedro, der Infant,

Von Aragon mit Heeresmacht herein;

Da überfielen plötzlich Pest und Seuchen,

Als kämpften sie für uns, der Feinde Heer,

Und streckten mordend seine Reihen nieder;

Don Pedro, den Infanten, und die Blüthe

Des Adels, der ihm folgte, Alle mähte

Des Todes Sichel, und das Feld blieb unser:

Der Friedhof, sollt' ich sagen, denn das war's.

(Da die Königin nicht antwortet, halblaut zu Don Pedro.)

Sie schweigt!

Don Pedro.

Stumm, abgewendet steht sie da,

Und birgt ihr Antlitz tief in ihrem Schleier!

Fünfte Scene.

Vorige. Mendoza, bald darauf Don Lope Bena=
vides; später der König Don Fernando.

Mendoza
(rasch).

Gesandte, Königin, sind angelangt

Von Portugal, beauftragt, jeden Anspruch

Auf deines Sohnes Krone aufzugeben! —

Gefällt es dir, sie huldvoll vorzulassen?

(Außer der Bühne dieselbe Trompetenmelodie wie früher, aber
entfernter.)

Mendoza
(da die Königin nicht antwortet, halblaut zu den beiden Caravajals).

Was ging hier vor? Die Königin in Thränen?

Und diese Klänge, was bedeuten sie?

Don Pedro.

Biskaya's Hörner sind es; nach der Heimat

Zieht Don Diego mit den Seinen ab!

Mendoza.

Wie, Don Diego, sagt ihr? Nach der Heimat? —

Ja dann, dann freilich — Arme Königin!

Tumultuarisches Geschrei
(außer der Bühne).

Heil! Heil! Maria der Großen, Heil!

Don Juan Caravajal.

Horch, welch' Geschrei dröhnt brausend durch die Lüfte?

Don Lope Benavides
(athemlos hereinstürzend).

Ein Treffen ist geschehen bei Jaen,

Die Mauren, die die treue Stadt bedrängten,

Sie sind geschlagen und die Wahlstatt deckt

Ihr Feldherr mit den besten seiner Ritter!

Heil, ruf' ich, Heil und Sieg dir, Königin!

(Die Königin schweigt; Don Lope tritt mit einer Geberde des Er=
staunens zurück. Pause; endlich tritt Mendoza vor.)

Mendoza.

Was immer auch mit Unmuth oder Schmerz

Dein edles Herz erschütt're, Königin,

Blick' auf und laß der Stirne Wolken schwinden,
Denn einen großen Tag hast du erlebt!
Besiegt zu deinen Füßen winden sich
Verrath und Aufruhr, Aragoniens Macht,
Granada's frecher Dünkel ist gebrochen,
Und Portugal, entmuthigt, fleht um Frieden;
Unangefochten ruht des Vaters Krone
Fortan auf deines Sohnes Haupt, und Ruhe
Senkt lang entbehrt auf Castilien sich nieder!
„Die Große" preist frohlockend dich dein Volk,
Und du bist groß im Geist wie in den Werken,
So fühle deine Größe und sey stark! —

O schweig' nicht länger, Königin! Wenn nicht
Des Volkes Jubel, wenn nicht deiner Größe
Erhebendes Bewußtseyn dir den Krampf
Der Seele löst, womit erschüttern wir
Die Fibern deines Herzens —

(Die Seitenthür rechts öffnet sich und der König Don Fernando, von einigen Frauen begleitet, die an der Thür stehen bleiben, kömmt auf seine Mutter zugesprungen.)

Fernando.

Mutter, Mutter!

Gesandte, sagen sie, sind angekommen,
Und auf dem Throne soll ich sie empfangen!

Geschwind denn, Mutter, setz' die Kron' mir auf,

Ich trag' den blanken Goldreif gar zu gerne!

Donna Maria

(den Schleier zurückwerfend, niederknieend, und das Kind in leiden=
schaftlicher Aufregung an's Herz drückend).

Mein Kind, mein Kind!

Fernando.

Wie, Mütterchen, du weinst?

Donna Maria.

O möchtest nie du solche Thränen weinen!

(Sie verbirgt ihr Gesicht an der Brust des Kindes; die frühere Trom=
petenmelodie tönt noch einmal aus der Ferne verhallend herüber,
dann außer der Bühne)

Tumultuarisches Geschrei.

Heil, Heil! Maria der Großen, Heil!

(Das Orchester fällt rasch mit pompöser Musik ein; der Vorhang
fällt.)

Nachspiel.

Aranda.

Offene Halle mit der Aussicht auf den Burghof, im Hintergrund von einer steinernen Baluftrade umgeben, welche in der Mitte geöffnet den Zugang auf einen Vorsprung gewährt, von dem links und rechts Treppen in den Burghof hinab gedacht werden: links ein Bogenfenster, rechts ein Lehnstuhl und ein Tischchen.

Erste Scene.

Mendoza und Don Lope Benavides am Fenster.

Don Lope

(mit Mendoza vom Fenster weg und in den Vordergrund der Bühne tretend).

Wie lang' ich spähend in die Ferne blicke,

Es wallt kein Staub, es tönt kein Hufschlag her;

Der Bote, deß wir harren, zeigt sich nicht.

Am Ende schreckte, glaub' ich fast, die treuen

Caravajal's ein Lügenmärchen nur,

Und eitle Sorgen sind es, die wir hegen!

Mendoza.

O wär' es, wie ihr meint! Ich aber fürchte,

Ihr täuscht euch, Herr, und das Gerücht spricht wahr!

Don Lope.

Mein Herz empört sich dran zu glauben! Wie,

Es soll ein Kind sich gegen seine Mutter

So weit vergessen, solcher Liebe Schatz,

So treu erfüllte Pflicht so herzlos kalt

Mit Undank schnöd' vergelten —

Mendoza.

     Herzlos, kalt!

Ei, hat der König damals denn etwa

Gefühlvoll sich bewiesen, als er, fern

An Geist wie Jahren noch der Mündigkeit,

Mit Groll und Unmuth nur der Mutter Sorge

Sein Reich verwalten sah? War's kindlich wohl,

Daß schnödem Schmeichlertroß der eitle Knabe

Mehr Glauben als dem Rath der Mutter schenkte?

Und als zuletzt — sechs Monden sind es jetzt —

Als zu Vittoria damals er zur Jagd

Hinauszuziehen vorgab, und indeß

Die Mutter sorgend seiner Heimkehr harrte,

Zu Burgos Heroldruf verkünden ließ,

Der Mutter Regiment sei abgethan,

Und er, volljährig, nehm' in eig'ne Hand

Der Herrschaft Zügel, war das Dankbarkeit?

War das nur menschlich, war es denkbar nur? —

Don Lope.

Ihr seyd zu strenge, Kanzler! Ihr erwägt

Des Königs Jugend nicht, und wie Verläumdung

Der Mutter Bild ihm mit dem Vorwurf trübte,

Als würde wider Fug und Recht das Reich

Ihm vorenthalten! Herrschbegier ist mächtig;

Und dürfen wir am Ende ihn verdammen,

Wenn schwer verletzt die Mutter ihm vergab!

Mendoza.

So that sie, ja! Ich hätt' es nicht gethan;

Ihr aber, als des Königs frevler Schritt

Rings Widerstand erfuhr, als Stadt für Stadt,

Ihm Pflicht und Treue weigernd, für das Recht

Der Kön'gin zu den Waffen griff, ihr schwoll

Das Mutterherz, ihr ging im Angstgefühl

Für seine Zukunft all sein Unrecht unter!

„Er fehlte, sprach sie, doch wie Männer fehlen,

„Aus Drang zu schaffen; nun so schaff' er denn!"

Und schnell beschwichtigt sie des Volkes Gährung,

Gewinnt ihm Anhang, huldigt ihm als König,
Und ganz Castilien huldigt ihm mit ihr —

Don Lope.

So war's und weil's so war, weil solche Milde
Des Irrenden nachsichtig sich erbarmte,
Drum eben ist es Trug und Lüge nur,
Was Jene schreckte, was uns sorgen macht!
Der König kann, kann dieser Mutter nicht
Anklagen schnöd' bereiten, vor Gericht
Sie ziehen wollen! Nein, er kann es nicht!

Mendoza.

Mag seyn, er nicht, doch wie, wenn seine Treuen,
Die lauernd ihn umgeben, die im Sturz
Der Kön'gin erst sich selbst gesichert fühlen,
Wenn die so dächten, die es forderten?
Sind's nicht die Lara's, die Padilla's eben,
Der Kön'gin unversöhnte Feinde, die
Zumeist an ihn sich drängen? Nahm er nicht
Der Mutter grimm'sten Gegner, den Infanten
Don Juan, der seiner Kerkerhaft entronnen
Dem Neffen sich zu Füßen wirft, alsbald,
Als wär's sein treu'ster Freund, zu Gnaden auf?
Ihr glaubt nicht dem Gerücht, ich, werther Herr,

Ich glaub' dem Sprichwort: Nenn' mir deine Freunde,

Ich sag' dir, wer du bist!

(Hörnerfanfare außer der Bühne mit dem Geräusch eines klirrenden
Falles verbunden.)

Was war das, horch!

Don Juan Caravajal
(außer der Bühne).

Ein Roß! Schafft mir ein Roß!

Don Lope
(dem Hintergrunde zueilend).

Das ist die Stimme

Don Juan Caravajal's!

Mendoza
(der indeß ebenfalls dem Hintergrunde zueilt).

Er ist's, er ist's!

Zweite Scene.

Vorige. Don Juan Caravajal.

Don Juan Caravajal

(auf der Treppe erscheinend und in den Burghof hinabsprechend).

Ein Roß, ein Roß und laßt es Flügel haben,
Und wie der Sturmwind brauf' es durch die Lüfte!

Don Lope

(dem Auftretenden entgegenstürzend).

Was bringt ihr? Redet, sprecht!

Don Juan Caravajal

(athemlos und erschöpft).

       Die Königin,
Wo ist die Königin?

Mendoza.

       Ihr glüht vor Eile!
Erholt euch erst vom scharfen Ritt, schöpft Athem —

Don Lope.

Ein Ritter kam heut' Morgen von Biskaya
Mit wicht'ger Zeitung, scheint es; denn noch jetzt
Verweilt er im Gemach der Königin,

Und ihr Befehl ist's, ihr ausdrücklicher,
Auf keine Weise ihr Gespräch zu stören —

Don Juan Caravajal.

Gleichviel! Pocht an, und stünde Tod darauf,
Es gilt ihr Leben, brecht die Thür' in Stücke —

Mendoza.

Ihr Leben, sagt ihr —

Don Lope.

    Wie, so wär' es Wahrheit!
Der König will —

Don Juan Caravajal.

    Er folgt mir auf dem Fuß;
Die Lara's, die Padilla's, der Infant
Don Juan mit ihm; mit Kriegsvolk ziehen sie
Heran; Anklagen haben sie gesammelt
Und Zeugen aufgebracht, um sie zu richten —

Don Lope.

Der Sohn die Mutter! Grauenvoll Beginnen!

Don Juan Caravajal.

Ich stürmte her, die Kunde euch zu bringen —
Mein Roß liegt todt vor Eile — Aber hier
Herrscht tiefer Friede, scheint es, unbewacht
Steht Thor und Mauer! Wie, verfehlte euch

Mein Bote, der die Königin euch warnen,

Für ihre Sicherheit euch sorgen hieß?

Mendoza.

Der Bote traf uns, und wir warnten auch;

Sie aber schalt uns eitle Träumer nur,

Und weigert sich aus dieser Burg zu weichen;

Seit wann es Brauch sey, frug sie, hier zu Land,

Daß Mütter ihre Kinder fürchteten.

Don Juan Caravajal.

Wo ist die Königin? Ich will — doch nein;

Im Burghof scharrt der Renner; ich muß fort!

Mein Bruder Pedro führt von Mondonedo

Ein Häuflein Reiter her, von Lerida's

Und Toro's treuen Bürgern ungesäumt

Zum Schutz der theuren Königin entsendet;

Entgegen will ich ihm, mit seiner Schaar

Zur Eile ihn zu mahnen —

Mendoza.

Ja, so thut;

Eilt Hilfe uns zu bringen; wir indeß

Beschwören neuerdings die Königin,

Verweigert sie durch Flucht gleich sich zu retten,

Doch gegen Ueberfall sich mindestens

Zu wahren!

Don Juan Caravajal.

Recht, so sey's! Und so lebt wohl,
Und schenk' der Himmel euren Worten Kraft!

Mendoza.

Lebt wohl! Lebt wohl und schenke Gott euch Flügel!

Don Lope
(während Don Juan Caravajal von Mendoza bis an die Treppe
begleitet forteilt).

Erschüttert steh' ich, kaum der Sinne mächtig!
Was ist denn fest und ewig, löst sich selbst
Das Band der Liebe zwischen Kind und Mutter!
Und ist es möglich denn —

Mendoza.

Was ist nicht möglich?
Es gibt in der Natur Unmögliches,
Hier in des Herzens inn'rer Welt ist Alles,
Das Schlimmste, wie das Beste, Alles möglich!
Genug; laßt jetzt zur Königin uns eilen!
(Donna Maria und Hernando Diaz treten links aus einer
Seitenthür.)
Doch seht, da ist sie selbst!

Dritte Scene.

Mendoza. Don Lope. Donna Maria und Hernando Diaz.

Hernando Diaz.

    Ich eile, Herrin,
Noch diese Stunde, wie mein Auftrag heischt,
Den König zu Toledo aufzusuchen,
Wenn dein Befehl nicht anders —

Donna Maria.

      Geht mit Gott!
Erschient ihr mir ein Trauerbote gleich,
Den schmerzlichsten Verlust mir zu verkünden,
Ihr ehrtet meinen Schmerz, Hernando Diaz,
Und zeigtet mir statt eitlem Trostgepräng'
Ein warm mitfühlend Herz! Habt Dank dafür
Und nehmt zum Abschied dieses Kleinod hin,
Ein Angedenken dieser schweren Stunde,
Ein Zeichen meiner Achtung, meiner Huld!

Hernando Diaz.

Auf meinen Knieen, Herrin, laß es mich
Empfangen, trag' ich gleich die reich're Gabe
Im Eindruck dieser Stunde mit mir fort!

Ich sah dem Schmerz dich gegenüber stehen,
Und mit ihm ringen, bis der größ're Geist
Das große Leid bezwingend —

Donna Maria.

Still, o still!
Ihr saht mich nur das lang Gefürchtete
Erfahren, nur das Unabwendbare
Ertragen; wie mein Herz sich blutend gegen
Die erste Ahnung dieses Schicksals sträubte,
Und was ich lange Nächte durch gekämpft,
Gerungen und gelitten, saht ihr nicht!

Mendoza
(sich Donna Maria nähernd).

Don Juan Caravajal, heimkehrend, Herrin,
Vom Hof des Königs, brachte —

Donna Maria
(mit einer abwehrenden Handbewegung).

Später, später!
(Zu Hernando Diaz gewendet, wie gedankenlos vor sich hinsprechend.)
Das Schmerzlichste am Schmerz ist nicht der Schmerz!
In's Mark der Seele treffend, trifft er auch
In's Mark all' uns'rer Kraft, regt alle Fibern,
Spannt alle Nerven an zum Widerstand,
Und findet so im eig'nen Gift die Heilung;

Er tödtet, oder er bezwingt sich selbst!
Doch wenn —

Don Lope
(unterbrechend).

Auf deinen Zorn hin, Königin —

Donna Maria
(ohne auf ihn zu hören).

Doch wenn sein erster Krampf erst überstanden,
Die Spannung schwindet und mit ihr die Kraft,
Wenn einsam trüb die Seele in sich schaut,
Und finst'rer Zweifel dann an ihr die Bilder
Verschmähten Glückes, schmerzlicher Entsagung
Vorüber führend höhnisch fragt: Sag' an!
Was blieb dir, Herz, und wofür littest du?
Und keine Antwort ihm zurücktönt, keine,
Das ist der Schmerz des Schmerzes, das ist Elend,
Das ist des Hoffens, ist der Seele Tod! —

Mendoza.
(losbrechend).

Du mußt uns hören! Hör' uns, Königin!
Gefahr umlauert dich, wohin du schreitest!

Don Lope.
Anklagen und Gericht bedrohen dich!

Donna Maria.

Ihr seht verstört und bleich! Was ist geschehen?
Mit welcher neuen Sorge quält ihr euch!

Don Lope.

Vernimm, soeben brachte von Toledo
Caravajal die sich're Kunde her,
Der König rückt' mit Waffenmacht heran!

Donna Maria
(nach einer kurzen Pause).
Ich sah ihn lange nicht! Er sey willkommen!

Mendoza.

O nimm nicht leicht, was nur zu ernst gemeint
Die Tücke deiner Feinde dir bereitet!
Verschmähst du schon zu fliehen, sorge doch
Sie hinzuhalten, bis die Hilfe naht.

Don Lope.

Des ersten Anlaufs nur erwehr' dich! Laß
Die Thore schließen.

Hernando Diaz.
Wenn Gefahr dir droht,
So sprich ein Wort; Biskaya steht zu dir!
Wer's immer sey, und wär' es auch der König,
Wer wider dich ist, gegen den sind wir!

Donna Maria.

Nicht so, ihr Herren! Nicht des Schwertes Schneide

Entscheide zwischen mir und meinem Sohn;

Der Waffen nicht bedarf's, beseelt uns Liebe,

Und fehlt ihr Anhauch, was erringt Gewalt?

Drum nichts von Gegenwehr, und naht der König,

Empfang' ihn schuld'ge Ehrfurcht, wie sich's ziemt!

Mendoza
(nach einer Pause in die Kniee sinkend).

Und träfe auch zerschmetternd mich dein Zorn,

Ich kann nicht anders! Laß auf meinen Knieen

Mich, Herrin, dich beschwören —
(Lautes Waffengeräusch im Burghof.)

Fernes tumultuarisches Geschrei
(außer der Bühne).

San Jago und Castilien!

Mendoza
(auffspringend).

Weh uns!

Es ist zu spät und Alles ist verloren!

Don Lope
(der auf die Balustrade im Hintergrunde zugestürzt ist).

Sie sind's! Sie sind's! — Der König, der Infant —

Bewaffnete besetzen rings die Thore —

Kein Ausgang nirgend, kein Entrinnen mehr!

Donna Maria.

Der König, wie ihr seht, Hernando Diaz,

Erläßt euch, nach Toledo aufzubrechen;

Ihr trefft ihn hier und spart den weiten Weg!

Tumultuarisches Geschrei
(außer der Bühne).

San Jago und Castilien!

Vierte Scene.

(Die Vorigen; während Geschreies und anhaltenden Waffengeräusches kommen der Infant Don Juan, Don Manrique Lara, Don Gonzalo de Padilla und andere Ritter, in ihrer Mitte der König, die Treppe im Hintergrunde der Bühne heraufgestürmt.)

Infant Don Juan.

Ergebt euch! Keinen Widerstand!

Don Gonzalo.

Im Namen

Des Königs, streckt die Waffen!

Donna Maria.

Schweigt, ihr Thoren!

Hier blitzt kein Schwert! Hier starren keine Waffen!

Hier streckt nur eine Mutter ihrem Sohne

Die off'nen Arme sehnsuchtsvoll entgegen

Und drückt ihn freudig an ihr treues Herz!
(Den König umschlingend.)

Schwand auch mein Herbst und bricht mein Winter ein,

Ein Blatt grünt noch am Baume meines Lebens;

Du lebst! Für etwas noch auf Erden hat

Mein Herz zu schlagen!

König
(halb abgewendet, leise und verlegen).

Meine Mutter!

Don Lope
(leise zu Mendoza).

Der König scheint gerührt, erschüttert!

Infant Don Juan
(leise zum König, der einen Schritt vorgetreten).

Laßt

Nicht Rührung euch berücken! Glaubt ihr nicht,

Die Jahre lang den Thron euch vorenthielt,

Die jetzt noch Ränke spinnt, euch zu verdrängen.

Donna Maria.

Ich sah dich lange nicht! Wie schlank und frisch

Und kräftig bist du mir herangeblüht!

Wie bräunt dir Sonnenbrand die zarten Wangen!

Dein Auge nur, dein Auge, das ein Stern

Sonst fromm und hell zu mir emporgeleuchtet, —

Sucht unstät scheu die Erde nun, als wär's

Mein Stern nicht, meines Sohnes Aug' nicht mehr,

Als hinge der Beschämung Bleigewicht

An seinen Wimpern —

König
(in heftiger Bewegung die Worte gewaltsam herausstoßend).

Halt, nicht weiter, Mutter!

Kein Knabe mehr, Verweise zu empfangen,

Dein Herr und König stehen wir vor dir;

Und ließen deinen Gruß wir unerwidert,

Und senkten stumm zur Erde unsern Blick,

So war es nicht Beschämung, Schonung war's,

Die mild're Fassung sucht dem rauhen Worte,

Das harte Pflicht uns auf die Lippen legt.

Infant Don Juan
(leise zum König).

Vortrefflich! Jedes Wort ein Blitz, mein König!

Donna Maria.

Wie, rauhe Worte kommst du mir zu sagen?

Du mir? Thu's nicht, mein Sohn! Das Wort, das jetzt

Dir rasch und leicht vom Munde weht, liegt dereinst

Vielleicht wie Bergeslast dir auf der Seele!
Thu's nicht, Fernando! Sprich nicht rauh zu mir!

König
(wie oben).

Was auch die Pflicht des Sohnes mir gebiete,
Nicht minder heilig ist des Königs Pflicht,
Und da sich lange schon, die Gegenwart
Wie früh're Zeit berührend, rings im Land
Anklagen vielfach gegen dich erheben —

Donna Maria.
Was hältst du inne? — Da sich rings im Land
Anklagen, sagst du, gegen mich erheben,
Was weiter — fahre fort —

König
(wie oben).

So legen, wisse,
Gerechtigkeit und Sorge für das Reich
Den harten Zwang uns auf, bei Seit' zu setzen
Des Kindes Ehrfurcht und Ergebenheit,
Und in die Würde uns'rer Majestät
Wie in ein ehern Waffenkleid uns hüllend,
Dein Sohn nicht mehr, ein strenger Richter nur
Dein Thun und Lassen prüfend abzuwägen!

Donna Maria.

Ein strenger Richter! — Nun, so richt', mein Kind!

König

(in knabenhaftem Trotz und steigender Aufregung).

Und richten werden wir — sey deß gewiß —

Mit schwerem Nachdruck und mit bitt'rem Ernst!

Ich bin kein Kind mehr, und kein Kinderspiel,

Wie du zu glauben scheinst, gedenken wir

Mit Recht und Ordnung und Gesetz zu treiben.

Du hast dem Knaben unverletzlich stets

Und heilig sie gerühmt, und deine Lehre,

Erfahr' es selbst nun, fiel auf guten Grund!

Zur Sache denn!

(Indem er den Anwesenden einen Wink gibt sich zu entfernen, und
Donna Maria einen Schritt vorwärts führen will.)

Entfert euch, weicht zurück!

Du aber höre —

Donna Maria

(zurücktretend).

Nein! Nicht so! Sprich laut!

Kein Makel, fühl' ich, ruht auf meinem Leben

Und kein Geheimniß hab' ich vor der Welt;

So klag' mich an und richte mich vor Allen!

König

(nach einer Pause des Zögerns).

Wohlan, so sprich! Womit entkräftest du
Die Kunde, die im Lande rings verbreitet,
Du hättest, während du an meiner Statt
Das Regiment geführt, du hättest — hättest —
Wie war's doch nur — mir fehlt das Wort — Sagt an,
Wie lautet eure Klage, Don Manrique?

Don Manrique.

Sie lautet, Herr, die Kön'gin Mutter habe
In jenen Zeiten der Bedrängniß Steuern
Und andere Schatzungen an sich gezogen,
Und statt des Reiches Nothstand zu bedenken
Kleinodien, Geschmeide und Juwelen
Dafür erworben, Schätze aufgehäuft,
Indeß in Mangel Volk und Land verdarben.

Mendoza.

Du lügst! — Ich kann bezeugen —

Donna Maria.

Still, Mendoza!

(Zu Don Manrique.)

Du aber sprich, wo wahr' ich jene Schätze,
Wo berg' ich jenes frech erpreßte Gut?

21*

Don Manrique.

Das, Herrin, sage dir der Zeuge, dessen
Wir auf Befehl des Königs heute Nacht
Uns insgeheim versichert! Tretet vor,
Ramon, und ihr dort bringt den Schrein herbei!

König

(zu Ramon, der aus den Reihen des königlichen Gefolges hervor=
tritt, während zwei Diener einen mit mehreren Schlössern versehe=
nen Schrein herbeibringen).

Bist du Ramon, der Kaufmann von Toledo,
Und sprachst du jemals, auf den Schrein hier zeigend,
Mehr als Juwelen hätte deiner Obhut
Die Kön'gin übergeben? Sprachst du so?

Ramon.

So sagt' ich, hoher Herr! Ich kann's nicht läugnen!

König.

Wohlan, so zeig' uns, was dein Schrein enthält!
Was säumst du? Oeffne!

Ramon
(knieend).

Nimm mein Leben, Herr!
Ich bin in deinen Händen, tödte mich;
Doch diesen Schrein hier öffnen darf ich nicht —
Ich hab's geschworen — wenn die Königin
Nicht selbst es mir gebietet —

Infant Don Juan.

Wie, du wagst

Dem König Trotz zu bieten —

Don Maurique.

Schlagt den Schrein

In Stücke!

Don Gonzalo.

Braucht Gewalt!

Donna Maria

(indem sie sich in den Lehnstuhl rechts setzt).

Genug! Ramon,

Der König will's, dein Herr und meiner, öffne!

Ramon

(nachdem er die Schlösser geöffnet, und den Deckel des Schreines
aufgehoben).

Es ist geschehen!

König

(hinzutretend).

Leer!

Infant Don Juan

(rasch hinzutretend).

Was sagst du? Wie,

Wär's möglich — Nur ein Schleier und ein Blatt

Daran geheftet —

König.

Was enthält es? Lest!

Infant Don Juan
(lesend).

„Der Kön'gin Schleier, mit hocheig'ner Hand

„Für tausend Unzen Silber mir verpfändet,

„Rückständ'gen Sold zu schaffen unserm Heer,

„Das gegen Aragon die Grenzen hütet.

„Gott segne sie, die treue Königin,

„Die Alles redlich für des Sohnes Heil

„Bis auf des Hauptes Schleier hingegeben!"
(Der Infant läßt Blatt und Schleier fallen, so daß beide wieder in
den Schrein hinabgleiten.)

Mendoza
(frohlockend).

Ja wohl, Ramon, wohl ward ein theures Pfand

Dir anvertraut, und wer in frommer Brust

Zu schätzen Muttersorge je gewußt,

Der preist, wie du, es reicher als Juwelen!

König
(nach einer Pause).

Auch uns fürwahr erfreut's von ganzer Seele,

Daß Don Manrique's unbedachter Eifer

Weit ab vom Ziel im Nebel sich erging,

Und grundlos seine Klage sich erwiesen --

Don Lope
(den König unterbrechend)

Ja, grundlos ganz und gar —

Mendoza.

Trug jedes Wort

Und Falschheit jeder Hauch!

König
(gereizt).

Gleichwohl wär's klüger

Und ziemlicher dabei — es mäßigten

Den Ausbruch ihrer Freude deine Diener,

Denn schwere Klagen bleiben noch zurück,

Und wollte Gott, du möchtest ferner uns,

Wie eben jetzt, des Irrthums überführen!

Donna Maria
(im Lehnstuhl sitzend).

So wird es kommen! Acht' auf meine Worte,

Und spar' dir einer neuen Täuschung Schmach!

König.

Schmach, sagst du, Schmach! Sehr ruhig, in der That,

Sehr sicher scheinst du deiner guten Sache!

Doch wie —
(sich der Königin nähernd mit gedämpfter Stimme)
wie, wenn ein Mann sich fände, der

In's Antlitz dir behauptete —

Donna Maria.

Laut, laut,
Mein Sohn! Sprich laut, damit dich Alle hören!

König.

Wenn Einer, sag' ich, dir in's Angesicht
Behauptete, dein Streben geh' dahin,
Mir, deinem Sohn, die Krone zu entreißen,
Um einem Fremden sie auf's Haupt zu drücken;
Bewahrtest du auch dann noch diese Ruhe,
Dies Selbstvertrauen, diese Sicherheit?
Und sieh', hier Don Gonzalo ist der Mann,
Der solcher Schuld dich zeiht, und sie beweisen,
In's Angesicht sie dir beweisen will!

Don Gonzalo
(vortretend).

So ist's! Beweisen kann ich, daß vom Thron
Die eig'ne Mutter dich zu stürzen dachte,
An deiner Statt Biskaya's Fürsten —

Donna Maria.
(aufspringend.

Halt!
Nicht weiter! Nenn' den Namen nicht!

Don Gonzalo.

Was braucht

Es auch des Namens, wissen wir doch Alle,
Wie von Biskaya nach Castilien
Stets Boten wechselnd hin und hergegangen,
Und wie gewandt und listig Don Diego
Mit süßen Worten schmeichelnd dir im Busen
Der alten Neigung Flammen —

König.

Mäßigt euch!
Ihr sprecht zu meiner Mutter! Kommt zu Ende!

Don Gonzalo.

Ich bin es, Herr! Das Nähere ist hier
Aus Don Diego's eigenhänd'gen Briefen,
Erst gestern aufgefangen, zu entnehmen!
Höchst wichtig ist ihr Inhalt und bedenklich,
Und prüf' sie selber, Herrin, sie sind echt!

Donna Maria.

(reißt Gonzalo'n die Briefe, die er ihr hinhält, aus den Händen,
blickt sie flüchtig durch, und wirft sie ihm dann vor die Füße).

Falsch sind sie, falsch, wie deine Seele falsch!
Hier steh' ich! — Ueber mich gieß' frech verleumdend
All' deinen Geifer aus! — Ich will es tragen;
Doch ihn, der Schwert zugleich uns war und Schild,
Ihn, der uns rettend Reich und Thron erhielt,
Verworfener, ihn wag' mir nicht zu schmähen!

Er war ein Mann, so voll von Werth und Gaben,

Daß, wer von euch nur einmal es empfinden,

Nur dunkel träumen könnte, was er war,

Der würde besser für sein ganzes Leben!
(Mit unterdrückten Thränen.)
Gold war nicht echter, reiner nicht Krystall,

Als seine Seele bis zum Grund hinab;

Kein Herz schlug treuer je und fühlte tiefer;

Denn er war sanft und dennoch stark und kühn,

Wohlwollend, hülfreich, selbst dem Feind gerecht;

Entschlossen war er, rasch und doch besonnen —
(In Thränen ausbrechend.)
O, daß ich sagen muß, er war!
(Sie verbirgt das Gesicht in ihrem Schleier, nach einer Pause.)
Genug!

Hernando Diaz, spart mir's zu vollenden

Und gebt dem König euren Auftrag kund!
Hernando Diaz.

Biskaya's Volk und Ritterschaft, mein König,

Entbieten deiner Hoheit ihren Gruß,

Und heißen mich dir künden, Don Diego,

Des Landes Erbherr, sey dahingegangen

Zu seinen Vätern —
König.
Wie, was sagst du? Todt!

Don Lope.

In seiner Jahre Kraft und Blüthe, todt!

Mendoza.

Todt, todt! Castiliens Retter und Befreier —

Hernando Diaz.

So ist es! Schweres Siechthum, längst verborgen
Am Mark ihm zehrend, raffte unerwartet
Und eilig ihn hinweg. Vor seinem Tod
Jedoch des Landes Aelteste um sich
Versammelnd, sprach er so: „Mit mir erlischt
„Biskaya's Herrscherstamm; ich aber will
„In Frieden scheidend würd'gen Händen nur
„Der Väter Erbgut, Volk und Land vertrauen,
„Und so beruf' ich, sprach er, Don Fernando, wisset,
„Den Sohn Maria's von Castilien,
„Der großen Kön'gin, wie ihr Volk sie nennt,
„Zum Erben meiner Rechte, meiner Macht;
„Und preist euch glücklich, pflanzt auch nur zur Hälfte
„Der Mutter Weisheit sich im Sohne fort!" —

König.

Was sagst du? Wie, ist's möglich —

Hernando Diaz.

Also sprach

Der Sterbende, und sein Gebot erfüllend,

Entsendet mich Biskaya's Volk zu dir,

Und heißt mich, Herr, in diesem Pergament

Dir seine Huldigung zu Füßen legen

Als Herren und Gebieter in Biskaya!

(Er überreicht dem König knieend die Pergamentrolle.)

Infant Don Juan

(für sich).

Schlägt Alles fehl? Irrt jeder Pfeil vom Ziel?

Bewachen Engelschaaren die Verhaßte?

König.

Biskaya's Huldigung! Ist's Traum? Ist's Wahrheit?

Verlust besorgt' ich, und mir blüht Gewinn? —

Steht auf und bringt Biskaya meinen Dank;

Wir nehmen seine Huld'gung an, und schwören

Ihm treue Obhut seiner Rechte zu!

Du aber, Mutter, sieh' betäubt, verwirrt

Vor dir mich stehen! — Wo ich schuldig erst

Dich wähnte, fand ich Ursach' dir zu danken;

Wo Argwohn mich erfüllt, erfaßt mich nun

Bewund'rung — Staunen — Reue möcht' ich sagen —

Nur daß die eine, letzte, schwerste Klage

Auch jetzt vereinzelt noch, nicht minder furchtbar

Und grauenvoll mir vor der Seele steht,

Und mild'rer Regung mein Gemüth entfremdet.

Donna Maria.

Und jene letzte schwerste Klage? Sprich,

Wie heißt sie? Sag's heraus!

König.

Du forderst es!

Du kannst es fordern — Oder, wär' es möglich —

Das Wort versagt mir — wär' auch diese Klage —

Donna Maria.

Wie heißt sie, sag' ich? Sprich sie aus, mein Sohn!

König.

Du hättest, heißt sie, Gift — Gift hättest du

Mir reichen wollen —

Donna Maria
(den König bei der Hand fassend und rasch einige Schritte vorwärts
führend, mit gedämpfter Stimme).

Still, o still, mein Sohn!

Du mochtest laut mich jeder Schuld verklagen,

Dies Eine nur sprich leise flüsternd aus;

Denn hörten sie's, in Stücke rissen sie

Das Weib entweder, das ihr eigen Kind

Mit eig'ner Hand zu morden frech getrachtet,

Wo nicht den Sohn, der so bethört und blind
Die Mutter fähig solcher That geachtet;
Und drum sprich leise, leise nur mein Kind!

König
(Donna Maria umschlingend)

O meine Mutter!

Infant Don Juan
(für sich).

Nein! sie soll nicht siegen!
Ich oder sie und Rache oder Tod!
(Laut.)
Mich, wisse, Königin, verstummt erschüttert
Der König auch vor deinem schlauen Wort,
Mich, wisse, hält's nicht ab, dich anzuklagen.
Mich hält's nicht ab, Castilien zu erzählen,
Wie vor acht Jahren — irr' ich nicht, so war's
Am Tage, da vom Treffen am Duero
Die Siegeskunde nach Toledo kam —
Wie damals so geheimnißvoll als plötzlich
Des Königs Leibarzt, Aben Ezra, starb!

Donna Maria
(aufschreiend).

Infant!

Infant Don Juan.
Du freilich magst davon nicht hören,

Du möchtest gern vergessen, wie ich damals

Auf Meister Aben Esra stieß, der eben

Arznei dem König, wie er vorgab, brachte,

Wie bald des Juden wild verwirrtes Wesen

Mit Argwohn mich erfüllt, wie drohend endlich

Den eig'nen Trank ich ihn zu leeren zwinge,

Und wie er sterbend an dem Giftgebräu

Zuletzt die Kön'gin als Bestellerin

Des Mordes nennt, und sich und sie verwünschend,

Zu wilden Flüchen seinen Geist verhaucht!

Du möchtest drauf vergessen! Schade nur,

Nun ist's gesagt, und fortan wirst du wohl

Des Tages, da vom Treffen am Duero

Die Siegesnachricht nach Toledo kam,

Noch oft, vielleicht zu oft nur, denken müssen.

König
(zu Donna Maria).

Und du — du schweigst? Du zitterst — du erbleichst —

Donna Maria
(nach einer Pause).

Infant, ich gönn' dir Zeit noch! Widerrufe,

Denn wunderbare Wege geht der Herr!

Infant Don Juan.

Ich sollte selbst mich Lügen strafen? — Nein,

Du hätteſt damals nach Medina nicht
Mich ſenden, tödten hätteſt du mich ſollen!
Ich warnte dich; du aber hörteſt nicht
Und ließeſt Kerkerluft mir vor der Zeit
Die Stirne furchen und den Scheitel bleichen!
Nun kam der Tag, die Rechnung auszugleichen,
Ich klag' dich an, und widerrufe nicht!

Donna Maria
(nach einer Pauſe).

Ramon! Enthielt dein Schrein nur jenen Schleier?
Vertraut' ich nichts ſonſt deiner Obhut an?

Ramon.

Du meinſt wohl, Herrin, ein verſiegelt Blatt,
Das jedem Blick du mich verbergen hießeſt
Und ſo bewahrt' ich's hier,
(zum Schrein ſich niederbeugend)
                     wo dieſe Feder
Die Wand des Schreines öffnet. Sieh', da iſt's.

Donna Maria
(zu Ramon, der ihr das Blatt hinreicht).

Nicht mir, Ramon, dem König!
(Zum König, der zaudert.)
                              Nimm und lies!

König
(das Blatt besehend).

Die Siegel unverletzt! — Die Aufschrift lautet:
(Lesend.)

„Versiegelt von der Königin empfangen

„Am Abend vor San Valentin, das ist

„Am Tage, da vom Treffen am Duero

„Die Siegeskunde nach Toledo kam!"

Derselbe Tag, deß eben der Infant

Gedachte!
(Rasch den Umschlag wegreißend und das Blatt entfaltend.)

Wie, die Handschrift des Infanten?
(Nachdem er gelesen.)

O grauenvoll, entsetzlich!
(Dem Infanten das Blatt hinreichend.)
Oheim, les't!

Infant Don Juan.

Was habt ihr, Herr, und wie versteh' ich —
(Einen Blick in das Blatt werfend, aufschreiend.)
Wie,

Dies Blatt — Ist's Blendwerk — Unversehrt — Dasselbe —

Donna Maria.

Mein Herz zerriß es, aber Gott erhielt's!

Infant Don Juan
(das Blatt fallen lassend.)

O, Trug der Hölle!

Donna Maria.

Ja, die Hölle trügt!
Und mächt'ger als die Lüge ist die Wahrheit!

Tumultuarisches Geschrei

(außer der Bühne, während näher dringendes Waffengeräusch hörbar
wird).

Maria! Castilien für Maria!

Don Manrique.

Verrath! Ergreift die Waffen! Ueberfall!

Don Gonzalo.

Herbei! Herbei! Das gilt dem König! Zieht!

Tumultuarisches Geschrei
(außer der Bühne).

Maria! Castilien für Maria!

Fünfte Scene.

Vorige; Don Juan und Don Pedro Caravajal
(stürmen von Bewaffneten begleitet im Hintergrunde mit gezogenen
Schwertern die Treppe herauf).

Don Pedro
(hereinstürmend).

Die Königin, wo ist die Königin?

Don Juan Caravajal.

Verräther, gebt die Königin heraus,

Und weh' der Hand, die nur ein Haar ihr krümmte!

Donna Maria.

Zurück! Wie, Rasende, Ihr wagt bewaffnet

Dem König, eurem Herren, euch zu nahen?

Don Pedro, das ist deine Treue? So,

Don Juan, so wähnst du mir zu dienen? Thoren!

Die eine Mutter ihr gefährdet wähnt,

Wenn ihren Sohn Verleumdung ihr entfremdet,

Als dräng' durch alle Nebel nicht das Recht,

Als bräch' durch alle Zweifel nicht die Liebe!

Kniet, sag' ich, kniet, und fleht um euer Leben!

Rebellen seyd ihr, und begnadigt euch

Des Königs Huld, so thut er mehr, bei Gott,

Als ich an seiner Statt euch zugestände!

Auf deine Knie, Don Juan! Bei meinem Zorn,

Ich will's! Kniet Alle, kniet und streckt die Waffen!

(Die beiden Caravajals und die übrigen Eingedrungenen knieen.)

Donna Maria.

Wie Haß die Deinen erst, mein Herr und König,

So führte Liebe diese hier zu weit;

Entwaffnet liegen sie zu deinen Füßen,

Laß nicht zu hart sie ihre Treue büßen.

König.

Steht auf, steht Alle auf! Nichts von Vergebung!

Ihr dientet, gegen mich die Waffen führend,

Mir redlicher als diese Heuchlerschaar,

Die wahnverblendet ich die Meinen nannte!

Und nun geht hin, Don Juan Caravajal,

Verhaftet unsern Oheim, den Infanten,

Und schleunig in Medina's Thürme bringt,

In seinen Käsicht, uns den Wolf zurück!

(Während Don Juan Caravajal dem Infanten, der bis dahin
unbeweglich in seinem Mantel verhüllt dagestanden, das Schwert ab-
nimmt und mit ihm abgeht, zu Don Gonzalo und Don Manrique.)

Ihr Beide dort, Gonzalo und Manrique,

Hinweg und meidet fürder meine Nähe,

Denn euer Hauch vergiftet!

(Während Don Gonzalo und Don Manrique im Hintergrunde
abgehen, zu Ramon gewendet.)

Meinen Dank,

Ramon; wir denken jenes theure Pfand
Noch heut', wie längst uns ziemte, einzulösen! —
Du aber, Mutter, Heilige, vergib!
Was auch mein knabenhafter Dünkel, was
Mein unerfahr'ner Sinn, leicht hingeneigt
Zum Guten wie zum Bösen, auch verbrach,
Laß, fleh' ich, das Gedächtniß dieser Stunde
Als Strafe mir genügen! Lege nicht
Noch deine Trauer, deinen Groll dazu!
Zu deinen Füßen flehend sink' ich nieder,
Vergib, vergib! Besinnung kehrt mir wieder,
So kehr' auch deine Liebe mir zurück!

Donna Maria.

Steh' auf! Ein König soll vor Gott nur knieen!
Schwer hast du dich, mein Kind, an mir vergangen;
Doch was du bittest, ist dir längst gewährt!
Verlor'ner Sohn, der heut' mir wiederkehrt,
Laß meine Mutterarme dich umfangen!

König.

O toller Ehrgeiz, thörichtes Vertrauen,
Das kühn mich nach der Krone greifen ließ,

Das willenlose Werkzeug von Verräthern,

Der Spielball fremder Hinterlist zu seyn!

O nimm die Krone, nimm den Scepter hin;

Was sollen mir der Herrschaft goldene Zeichen?

Ich fühl' es wohl, daß ich ein Kind nur bin,

Und will nicht mehr vom Mutterbusen weichen!

Donna Maria.
(ihn unterbrechend).

Nicht weiter!

(Zu den Umstehenden.)
Weicht zurück, ihr Herrn!
(Während die Umstehenden sich in den Hintergrund zurückziehen, mit
dem König einige Schritte vortretend.)

Mein Sohn!

Du bist kein Kind mehr, denn hinausgestoßen

Hat Schuld dich aus der Kindheit Paradies,

Und hinter dir die Pforten abgeschlossen!

Verlockte dich der Krone gold'ner Schein,

Nun ist sie dein und muß getragen seyn!

Weh' dir, ergriffe je dein Volk der Wahn,

Schwach seyst du, unstät schwankend im Entschlusse!

Die Zeit braucht Könige aus einem Gusse,

Ein schwacher Fürst ist ein verlor'ner Mann!

König.

Es sey! Ich will abbüßend meine Schuld

Die Wucht der Krone tragen, stehst doch du
Treu warnend mir zur Seite —

Donna Maria.

Nein! Nicht so!
Ich hab' ein langes, mühevolles Leben
Nur dir, mein Sohn, und meiner Pflicht gelebt;
Zeit ist es, mir und meinem Schmerz zu leben!
Ein Kloster hab' ich zu Valladolid
Erbaut, und heut' noch brech' dorthin ich auf,
Aus seiner dunklen Mauern stillem Frieden
Mich nachzuschwingen Jenen, die geschieden,
Denn meine Seele zieht's hinauf, hinauf!

König.

Du mich verlassen! Nein, du darfst nicht —

Donna Maria.

Ja,
Ich darf, jetzt darf ich! Lebe wohl, mein Sohn,
Und achte deiner Mutter letzte Worte,
Und präg' dir dies in's Herz! Vor Allem
Laß eine Mahnung diesen Tag dir seyn,
Als deine Mutter fortan mich zu ehren;
Denn langes Leben hat der Herr verheißen
Und Wohlergehen dem getreuen Kind,
Und du sollst leben, dir soll's wohlergehen;

Dafür hab' ich gewacht, gekämpft, gelitten!

Dann mahn' ich dich, regier' gerecht und mild;

Verletze frevelnd nicht des Volkes Rechte,

Versprich ihm nicht, was du nicht hältst; verscherz'

Nicht sein Vertrauen, denn ein Volk, mein Sohn,

Versöhnt sich nicht so leicht wie eine Mutter,

Und weiß nichts von Vergessen und Vergeben!

Und endlich bitt' ich dich, thu' deine Pflicht!

Was dich's auch koste, wie dein Herz auch blute,

Als Mensch, als König immer deine Pflicht!

Denn was besitzt der Mensch auf dieser Erde,

Wovon er sagen könnte: Das ist mein!

Das bleibt mir! — Nichts, mein Sohn — Ich fühlt' es
heute,

Da Alles ich an einem Tag verlor,

Da eine Welt sich gegen mich verschwor —

Nichts als das Eine: Ich hab' Recht gethan!

Und dies Bewußtseyn, fleh' ich himmelan,

Mög' tröstend einst auch dir um's Herz sich legen!

Thu' deine Pflicht, mein Sohn! Das ist mein Segen!

(Sie legt die Hände segnend auf das Haupt des Königs, der wäh=
rend der letzten Worte vor ihr in die Kniee gesunken ist.)

(Der Vorhang fällt rasch.)

— ——·◇·◇· —— —‥